生活因阅读而精彩

生活因阅读而精彩

风花雪月是民国

最奇吕碧城传

夏墨/著

中国华侨出版社

图书在版编目(CIP)数据

最奇吕碧城传 / 夏墨著.—北京：中国华侨出版社，2012.12

(风花雪月是民国)

ISBN 978-7-5113-3101-4

Ⅰ.①最… Ⅱ.①夏… Ⅲ.①吕碧城(1884~1943)-传记 Ⅳ.①K825.6

中国版本图书馆 CIP 数据核字(2012)第286992号

风花雪月是民国：最奇吕碧城传

| 著　　者 / 夏　墨
| 责任编辑 / 尹　影
| 责任校对 / 孙　丽
| 经　　销 / 新华书店
| 开　　本 / 870×1280 毫米　1/32 开　印张/10　字数/200 千字
| 印　　刷 / 北京军迪印刷有限责任公司
| 版　　次 / 2013 年 2 月第 1 版　2020 年 5 月第 2 次印刷
| 书　　号 / ISBN 978-7-5113-3101-4
| 定　　价 / 48.00 元

中国华侨出版社　北京市朝阳区静安里 26 号通成达大厦 3 层　邮编：100028
法律顾问：陈鹰律师事务所
编辑部：(010)64443056　　64443979
发行部：(010)64443051　　传真：(010)64439708
网址：www.oveaschin.com
E-mail：oveaschin@sina.com

序

我们很容易迷上一种景致,看那秋雨打梧桐,看那莺花艳好,愁那乌衣巷口的惨剧,愁那幽兰雪里埋……

而这些雅美景致,源自于一个馨香的笔端。

一抹丽影,在一个烟水迷离的民国时代里摇曳,清新如莲。心字生香,一阕阕优雅的词作撩动人心。而她本身也同样是一种绝美的景致。

她是吕碧城,近300年来最后的女词人。

提及诗词,每每想到都会让人心生幽香,她红颜才情,又是最后的女词人,逢那一个暧昧且充满韵味的年代。此来种种,必是绝唱。

"第三娇女玉卮娘,却去瑶池到下方,紫锦函中书一卷,明明翠谁白莲香。"这是樊增祥对吕碧城的诗评。

她的词,是一处处别致的风景。

12岁时,她诗词书画的造诣已达高处。闲寄丹青,却得惊艳佳句。

"绿蚁浮春,玉龙回雪,谁识隐娘微旨?夜雨谈兵,春风说剑,冲天美人虹起。把无限时恨,都消樽里。君未知?是天生粉荆脂聂,试凌波微步寒生易水。漫把木兰花,谈认作等闲红紫。辽海功名,恨不到青闺儿女,剩一腔毫兴,写入丹青闲寄。"

并非她有意闯进诗词画境,而是这个涓涓词情选择了她。天生才华,命定卓越。

提及诗词,我们往往会联系到容若。今人给她太多盛赞:"人生若只如初见"美是美矣。然而,过盛的玩味,当人生初见之感漫天飞扬,词中香静,也就渐渐散去了。

我自情愿跟随阿碧,这倾城红颜"缒银瓶,牵玉井,秋思黯梧苑"追忆那小栏处一抹凄迷安静的人影。穿过时光华年,和着烟雾,静静地伤那满庭院的忧愁。

她的事业,尽是卓越。

1912年袁世凯在北京出任民国临时大总统,吕碧城被聘为总统府秘书,她雄心勃勃,欲一展抱负,但是黑暗的官场让她觉得心灰意冷,等到1915年袁世凯蓄谋称帝野心昭昭时,吕碧城毅然辞官离京,移居上海。她与外商合办贸易,仅两三年间,就积聚起可观的财富。才学过人,又有非凡的经济头脑。

吕碧城是一个聪明过头的人,她深知在那个时代不能做一个成天宅在闺阁里吟风弄月的女词人，因为一旦树倒猢狲散，便不免会有衣食之忧，所以她来到上海，进入商海，首先将自己弄成一个富婆，以免受衣食之忧。

看来吕碧城是深谙鲁迅的那句"为准备不做傀儡起见，在目下的社会里，经济权就见得最要紧了"话了。在那个动荡的时代，如果一个人在经济上都不能保持独立，他又谈何人格的独立？又哪有精力去拓宽自己人生的自由度呢？

就在民国一些女作家因为贫穷而深陷痛苦之时，吕碧城却能不依附婚姻，不为生活支出劳役，一心写作。

有人以为文人一旦沾染上铜臭便已不是一个纯粹的文人了，其实不然。试想一个五谷不分、六体不勤的文人，又怎么能够写出真性情的文字来呢？须知经济是一切的基础，否则一切不都乱套了吗？

她的信仰，是一个时代先驱。

她既有小女人的情致，感花怜月，吟咏清风秀水、古今才情，又有一个大女人的胸怀，愿肩负时代重责。她的志向不仅在于教育，还有振兴国家的宏愿。在她的许多文章中，她都谈到怎样建立一个强国的想法。她认为在这竞争的世界，中国要想成为一个强国就必须四万万人合力，因此不能忽视二万万女子的力量。解放妇女、男女平权是国之强盛的唯一办法。她希望用自己的力量影响世人，济世救民。

她是超越时代的人，她的环保、教育、护生等思想，即使今天看来也是超前……

所有极致的美好，总会在宿命里历尽磨难，才能越发光华。这样一个姿容优雅、满腹才情的女人，饱受命运流离，早年现世逢家变，困难之处遇贵人，倔强奋发扬芳名，而寂寞孤影游世界，经尽尘世归三宝，香港九龙享永年。

她的慈悲，从不为自己流的眼泪，她敏感纤细的心灵，只因众生的痛苦忧伤……

她有完美的作品、完美的事业、完美的信仰和人生，却遭受悲苦的境遇、坎坷的命运，那些贯穿一生的国破家亡……留给赞怜她的后人不可胜数的爱与痛。

隔世红颜，难得现世安稳，经历世事飘零，她自皈依三宝，放下红尘之事追寻人间大道，浑忘世间一切烦恼。风声、雨声，一世的相思。涅槃、顿悟，一世的禅锋。

绝代芳华，于1943年归去极乐净土，于蓝天碧海处，永寂。

一抹春痕，收进千秋梦里……

目 录
CONTENTS

第一章　雨打花枝
——遭逢世事冷暖

Ⅰ／香毒 ········· 2

Ⅱ／兰生幽谷 ········· 11

Ⅲ／报人英华 ········· 22

第二章　芳名远播
——津门花艳开

Ⅰ／鹊起津门 ········· 36

Ⅱ／女学志 ········· 46

Ⅲ／友情怨 ········· 68

第三章 一庭幽怨
—— 燃烧的爱与痛

Ⅰ／碧城，碧城 …… 78

Ⅱ／生命的真谛 …… 83

第四章 芳踪隐去
—— 悄然的脚步

Ⅰ／悠悠国事 …… 92

Ⅱ／畅游商海 …… 102

Ⅲ／浮华上海 …… 106

Ⅳ／几多凋零 …… 114

第五章　遥遥楚天
——海外求索

I／他乡非故乡 …… 122

II／文坛知己 …… 138

第六章　心字成香
——词坛古舞

I／词坛舞者 …… 152

II／天生情感劫 …… 173

第七章　萧萧此生
——人生求真谛

I／了却繁华债 …… 202

Ⅱ / 遁入佛门去 ………… 210

第八章　吕氏花开
——同心姐妹花
Ⅰ / 护生情缘 ………… 218
Ⅱ / 姐妹成隙 ………… 228

第九章　天涯芹旅
——芳踪留欧美
Ⅰ / 他乡寻欢 ………… 236
Ⅱ / 蜚声欧美 ………… 248

第十章 飞花溅泪
—— 凄然的心

Ⅰ／往事付云烟 …… 260

Ⅱ／人间只此回 …… 278

后记 …… 299

第一章
雨打花枝
——遭逢世事冷暖

I / 香毒

词是千古香毒，惹万愁肠。

烛花一抹影，烟雨一段情，春花秋月扰了多少人的梦境。

然而时光的步履匆匆，我们再也回不去古香陈梦，有幸在300多年前，一位满腹才情的女词人给我们留下了一个最后的想念。

当时光之流冲刷着所有的记忆，带走了所有的浮华和喧嚣之后，她曾经的美丽与哀伤都化作了民国的记忆。

吕碧城，一个清雅的词人，一个时代的思想先锋。一名兰清，字遁夫，号明因、宝莲居士。安徽旌德县人，生于清光绪九年。在那个暧昧不安的年代，四处流离着苦难的飞烟，她却能妙手如花，笔端生莲。

第一章 雨打花枝——遭逢世事冷暖

吕碧城的祖父名伟桂,字馨园,太学生,即受公家资助在国子监读书的士人,虽然不是官衔,却也是一种身份的标记。吕碧城天生对诗词颇具灵性,也或许是有一部分承袭了祖辈沉淀的书香。命运给了她一个闪耀的人生旅程,闪耀文坛,照亮生命。

她的父亲吕凤岐乃光绪三年丁丑科进士及第,曾任国史馆协修、玉牒纂修,后外放山西学政。其父清高的品格,又使吕碧城得以传袭风骨。

她的母亲严士谕,亦会诗文。严氏于同治十三年嫁给吕凤岐为继室。严氏幼承庭训,有一定的文化素养,能诗会文。到了吕家后,生有四女。

严氏秉承家教,亲自教课,所以4个女儿都自幼博有才名。4朵娇花,艳艳开放。又是富贵门庭,书香世家。那些悠然的年华里都散发着恬静的味道。

吕氏姊妹无忧无虑地饱读天下文章,澄净的明眸,汪着一泉泉幽幽净水,只等着秀美地层层绽放,却从不曾料想未来的人生路上还要承受多少苦痛。

吕碧城排行老三,她和她的两个姐姐吕惠如、吕美荪均以诗文闻名于世,号称"淮南三吕,天下知名"。《大公报》编辑出版了《吕氏姊妹诗词集》，并发表评论，称她们是"硕果晨星"式的人物。

一篮花开艳，而沾了书香的女子更多了一种宁静的芳馨。一家里出落3个才女，更是奇艳，有一种天然傲绝的美。而吕碧城在姐妹中更是略胜一筹，美中之首，乃如奇葩，惹人眼怜，受后人牵念。

吕碧城3岁时，跟随任满的父亲回到安徽家乡。吕凤岐见那时朝政腐败，官场上也是乌烟瘴气，自己禀性耿直，必不能容于当局，遂把继续为官的心冷了下来，决定乞病休致，虽然那年他虚岁才刚满五十。

美好的往事总会在岁月里沉淀出一抹温暖的色泽，即便是多年之后。经世事伤愁，那一抹芳馨的记忆会悄然沉淀出岁月的老香，徐徐地温暖人心，微醺出淡淡的伤逝愁情。

在吕碧城的心中，也同样沉淀了一份温暖宁静的记忆。在父亲任职及卸任以后的一段时间，吕碧城曾经在家乡庙首享受过一段无忧无虑的生活。这在她早年的作品中曾有所反映，如《生查子》：

清明烟雨浓，上巳莺花好。

第一章 雨打花枝——遭逢世事冷暖

> 当年拾草时，共说春光早。
> 游侣渐凋零，追忆成烦恼。
> 六幅画罗裙，拂遮江南早。

温山软水的江南，所有的景致里都藏着无限温柔，在烟雨溟濛的清明，看莺花娇俏，拾起一片大好春光雾色，烂漫的景，轻灵的心，细细的愁情，氤氲出一个隔世美好。幽静的童年，美好得恍如一帘好梦。即使在多年之后，还散着古朴的芳馨。

而我们每一个人都有一个回不去的好梦。我们也只能在回忆里淡淡地咀嚼、回味。

好花好景不常在，明月又有几时圆。年华再好，也挡不住时光荏苒，吕凤岐并没有定局在庙首，他选择定居在六安。族德庙首在安徽的东南角，紧邻浙江。吕凤岐放弃富庶家乡的一切，移家数百里之遥贫瘠的江北，推想起来，很大程度上是家族的人际瓜葛。

吕碧城那时只是个孩子，她还未尝到人情冷暖、世事苍凉。她也就只能随同父亲来到新的居所，寻找新奇的触动。乖巧地温书识字，做一个幸福的孩子，安然地享受她的寂静时光。

幼年的吕碧城跟别人并无两样，她也爱蝴蝶、荡秋千、踢毽子，那种欢乐是必然的，不过不承想这竟然成了她一生不多的真心欢乐记忆；不过她也跟别人不一样，因为她的父亲藏书无数，每每欢乐过后，落日之余，碧城便会来到她父亲的小屋，似懂非懂地东翻西阅，此时她的心亦如那迟暮般和煦。

在当时那个年代，血统论似乎已不流行，只要你能在名利场风生水起，谁又会管你祖上姓甚名谁呢。

陈胜吴广说："王侯将相宁有种乎？"他们终究没能入主汉室。就算不讲血统，但传承却不能回避吧。一家之言，一脉风流，好的东西都是经过岁月的锻打后留下来，成为中华经脉的。那种融入血液中的精气神是模仿不出来，也是丢不掉的。

吕碧城的父亲藏书万卷，精通国学，显然他很好地将自己的爱好传承给了吕氏姐妹，融进了她们的血液之中，这是时光无论如何变幻，她们都没有失掉的东西，并成为了她们安身立命之本。

之后，吕碧城几多不顺，并通过诗词抒发心中的幽怨，多情人看到了其中的凄凉，而我看到的却是她父亲遗传在她血脉中的那一份才华，那一份风流。

造物弄人，无人可知，幸福的不远处，却是一串串苦痛的故事。

第一章 雨打花枝——遭逢世事冷暖

光绪十三年，吕碧城5岁，她的异母兄贤钊因为逃学，受到老师和家长的责怪，竟一时想不开寻了短见，年仅19岁。4年后，她的另一个异母兄贤铭也不幸因病夭亡，吕家的男嗣竟至断绝。连番遭遇丧子之痛，使得吕凤岐尝尽锥心悲痛，病魔缠身。而在悲痛之余，只好把丧子之痛移作对女儿加倍的爱，精心地教育几个女儿。一颗饱受痛苦的慈父心，再也承受不了任何的触痛。

接踵而来的不幸遭遇犹如霜刀锋剑，给碧城心灵上留下了难以愈合的创伤。正像多年以后她在《欧美漫游录》中所回忆的那样，当时"众叛亲离，骨肉，伦常惨变"。由于这场人间惨剧，对年幼的吕碧城打击太沉重了，使她的心灵受到了严重的扭曲，从此性格偏强，疏于人和，以致后来终身未嫁。她的62岁的另类人生，似乎都在这时埋下了不幸的种子。

碧城姐妹也没有辜负老父的期望，惠如、美荪、碧城3人年轻时即享有才名，吕碧城更显卓越不凡。

吕碧城5岁的时候，一次，父亲在花园中，面对垂柳随口出了一个"春风吹杨柳"的上联，她竟然不假思索应声答道："秋雨打梧桐。"应对的快捷不禁使吕凤岐也有些惊讶。

7岁时，她已然能像模像样地作大幅山水画了。山光水色里，尽现她浑然天成的才情。

她自己倒无异然，诗画，是她天性所爱；文墨，是她最好的伙伴。也许，从生命初始，她就被赋予了一个诗画传奇的使命。

12岁时，吕碧城诗词书画的造诣已达到很高水准。吕凤岐的同年进士樊增祥，有一天读了一首署名"吕碧城"的词，不禁拍案叫绝：

> 绿蚁浮春，玉龙回雪，谁识隐娘微旨？夜雨谈兵，春风说剑，冲天美人虹起。把无限时恨，都消樽里。君未知？是天生粉荆脂聂，试凌波微步寒生易水。浸把木兰花，谈认作等闲红紫。辽海功名，恨不到青闺儿女，剩一腔毫兴，写入丹青闲寄。

丹青墨笔闲寄情，小小年纪便出此绝句，让我们看到了她心底的另一个澄澈旷达的世界，使得她的诗词以超越时俗的激情与见识融入丰饶瑰丽的意象，创造出雄伟阔大、奇妙多姿的世界。举手投足间，尽是流淌着芬芳的才情。

古往今来，多少人为赋新词强说愁，附庸风雅堆辞砌藻来

第一章 雨打花枝——遭逢世事冷暖

拼凑一首词作。到头来却弄巧成拙。然而她却是诗词的精灵，轻轻一声感叹，却是口生莲花，片片芳馨，自然倾斜流淌。

吕碧城虽然出身于书香门第，但9岁时便与同邑一汪姓乡绅之子订婚，不谙世事的她不能主宰自己的命运。

光绪二十一年秋天，吕凤岐在六安的新宅和藏书室"长恩精舍"，经过3年的经营终于落成，其中的藏书竟达数万卷之多。时年又逢他的寿辰，当地的官绅们都来凑趣，在新宅里面为他做寿。可能又因为兴奋过度，加以劳累，吕凤岐离世。

一切都来得太突然，未经苦难的孩童却过早地饱尝了人情冷暖。因无子嗣，全部家产被恶意族人霸占，并唆使匪徒将母亲严氏强行幽禁。

一颗烂漫的心，一双稚童的眼，早早地窥见最丑恶的人性。世事凉苦，铺在心底，化成了永生也挥洒不去的浓愁。

一连重重变故，如同一个醒不来的噩梦，囚困着吕家人。然而，厄难的命运已遭逢头上，再多的凄苦愁怨也挽不回从前的幸福光景，当命运逼迫得没有任何退路时，唯有两种选择，要么唯诺地结束生命，要么翻越愁山苦海，迎接命运的试炼。

倔强的花蕊在苦难中变得坚强，12岁的吕碧城挑起重担，给父亲的朋友和学生写信，四处求人告援。

最终，囚禁多时的母亲得以脱险。照说，这也算得上一段佳话，不过谜底往往会出人意料，碧城的"夫家"却起了戒心：她小小年纪就有如此能耐，能够"翻云覆雨"，这样的媳妇日后过了门恐怕难以管教，于是落井下石，提出退婚。

我们已然无法猜度年幼的吕碧城彼时的心情，但可以肯定的是，这一变故已然在她心中荡起了波澜，对婚姻也从此饱含疑问。

如此结亲不慎，虽是不幸，却并不是坏事。突遭厄运，命走偏锋，也使得吕碧城摆脱了一场强制的婚姻，还我们一个如碧水般清灵脱俗的词人。

吕家自此劫难后门祚衰微，孤儿寡母，势单力薄，只得委曲求全。那时女子订婚身不由己，而被退婚则当做奇耻大辱。这段经历，在幼小的碧城心里留下了刻骨铭心的烙印。

生活失去了着落，母亲便带着4个尚未成年的女儿投奔在塘沽任天津盐运使的舅父严凤笙，开始了她们寄人篱下的生活。

书香门庭里的娇花芳蕊，在浮世的苦难中化身为流萍，在宿命的风云中辗转，开始了她非凡的人生传奇。

II / 兰生幽谷

独处幽谷，临风释香，竟无一瓣灼灼，一丝涟漪。

雪冷空林，云封幽谷，遥忆清芬何处？芳讯难通，多少离情别绪？折芳馨，远道谁遗？披萧艾，几时重遇？怅秋风，憔悴天涯，美人芳草怨迟暮。

灵均纫佩去后，应是风雷昼晦，暗成凄苦。薜老萝荒，山鬼自吟愁句。更恨他，湘水湘云，又遮断，梦中归路。但牵来，万丈相思化为深夜雨。

退婚风波、母亲被劫，吕碧城看似透彻人性丑恶，实则心存天问：何处？多少？谁遗？几时？……终了只能是兰生幽谷，隔离自我，隔离成一眸孤芳自赏，隔离成一幅独立的人格。

如此一来，我们窥不见岁月在吕碧城身上的过往，却能了然她心中的那份孤寂。

孟母因子三迁居所，吕母为女寄人篱下。吕母有一定的文化根底，颇具现代意识，这决定了她不会让自己的女儿重复嫁人生子、操持教务、碌碌一生的"无为"人生，所以就算是寄居，她也会选择天津，这个京畿之地，繁华之所，处处荡漾新思潮的地方。

其实想起来总会有幸运之感，倘不是吕母如此这般开明，民国岂不是又少了一位风华绝代的女子！不过这恰恰是传奇所需，倘若每个人的人生都能被精确计算，何来别样的明天、期望的未来？人生恰恰是因为不能被预料而多了诸多传奇、浪漫、悲歌与爱恋。

吕碧城对国学如饥似渴，对新思想来者不拒，如此年代，这般女子，绝非多见，长者们发出"月明林下见斯人，乞取梅花作粉真。梦寐不离香雪海，谁知即是此花生身"的赏识也就不足为奇了。

我们总想象吕碧城才华毕露与经历不凡有关，与卓绝才华相连，然终其一生而回望，这一切竟是如此自然，如此真实，恰似花蕾般自然绽放，无一点儿修饰，无一丝点缀，生机勃勃。真正的传奇往往跟外界无关，却与内心相连。尽管世事艰辛，

第一章 雨打花枝——遭逢世事冷暖

羁绊无数，只要内心坚韧便可端坐磐石，醉卧花丛。

刚刚经历家庭变故、退婚风波，又受到辽东之变、戊戌变法、庚子事变等影响，"早熟"的吕碧城早已不满闺中那书艺墨魂、粉黛丝竹的生活，她耿介绝俗、自强自立起来。

芸芸众生，不管你是达官贵人抑或是贩夫走卒，无论你难得糊涂还是浑噩一生，当家国世事恰巧重叠在一起，便有日晕般的奇象。家事国事两相交互，人便会不知觉地用心灵最睿智、最敏感的地带为此做注脚。

光绪二十九年（1903年）春天，吕碧城的舅舅官署中的一个做秘书的方太太要到天津，吕碧城央求带自己一起去，结果却是让舅舅叱骂一番：不守本分，不守妇道。

虽然遭到了舅舅的极力反对，但是总有一些人特别能够听清楚自己内心的声音，他们还会特别倔强地依循自己的内心前行，这些人要么是疯子，要么是传奇，吕碧城就是这样的人，显然她属于传奇。她显然已经意识到了自己可以翱翔在天，那她又怎么会甘心匍匐在地呢！

叱骂并非对所有的人都有用，有人或许会将其当做一个禁令，不敢触碰；有人却会因为这种叱骂而唤醒不安分的神经。吕碧城无疑属于后一种人，在舅舅这一骂之下，她只身踏上了开往天津的列车。

有些人是那样的多情,会跟一个原本不相识的人海誓山盟;有些人又是那样的无情,会跟自己最亲的人抽刀断水。

越是在毫无准备的仓皇中,人越是会露出自己本来的面目;越是在突然来临的灾乱中,人越是会流露出心底的真情来。那个乱世让很多人对生活有了新认识,也更加珍惜,吕碧城也是这样的。

吕碧城"逃登火车"之时,易卜生笔下的"娜拉"在中国还不知为何物,中国青年女性尚未有"出走"的习惯,不过正是如此背景,让负气逃离家庭的吕碧城那轻倩的背影在那雄性气息弥漫的男权社会显得那样俏丽与出彩。

所谓"山穷水尽疑无路,柳暗花明又一村",只有经历旅途苦难,最终苦叹山穷水尽的人才真正懂得那柳暗花明的欣喜。吕碧城出走源于无奈,原本以为自己踏上的是一条不归路,岂不知踏出之后,竟然在那曙光熹微的地平线上望见了那缓缓升起的骄阳。

人的一生不可预料,却又环环相扣,特别当你回望来时的某段生命旅途时,竟然发现诸多境遇都如此逻辑缜密地相继出现。此间,总有这样或那样的贵人恰到好处地协助你,贵人并非一定要给予你经济的援助，也不一定是你受伤时的抚慰者，他是会在恰当的时候出现，并让你生命就此转向的人。英敛之便是吕碧城生命中的一个分量不轻的贵人。

曾几何时，我们都是那个叛逆的人，为自己的意气、志趣我行我素。不过岁月将这些棱角毫无招架之力地磨平，一个个浑圆的你我浸泡在红尘的染缸中默默老去。每每看到如吕碧城一般的人，便不自觉地回望当初的自己，遥想当时的意气风发。

冲动不可能是生活的常态，列车的哐当声很快让吕碧城明白了自己这个"出逃者"的困境：身无分文，困顿连连。

诗人桑德伯格说："生活就像一只洋葱，你一层一层地剥下去，总有一层会让你流泪。"

中国古典文学中，敢于从深闺中奔离出来的女子并不止吕碧城一人，较为人知晓的还有卓文君和红拂女。不过她两人跟吕碧城比较起来是有区别的，她俩是事先有了目标才奔离的，虽然姿态决绝，但是却少了那份应有的气魄和勇气。吕碧城则不一样，她的奔离没有目的地，一旦出离便是彷徨。彷徨是让人的内心最恐惧的感觉，因为她不知何处是目标，何处有波折。

幸好吕碧城不仅仅是一个意气中人，她还是一个聪慧无比的人，就算也有初离时的彷徨，不过她很快便找到了自己的出路，否则只能像一只被关久了的小鸟，虽然依恋旧林，不过当真正逃离出来的那一刻，便会觉得真正无路可走。

梦醒固然不是很难，但难的是梦醒之后的无路可走，正如破坏要比建设容易得多一样。幸好吕碧城不是一般的女子，她不但醒来，还坚定地走了下去，最重要的是开辟了一个新世界，为自己，更为那个时代。

1923年，也就是吕碧城离家出走的20余年后，鲁迅曾经作过一个著名的演讲"娜拉出走之后"，谈到娜拉出走之后会面临的两个结果：不是堕落，就是回来。因为当时女性很难在经济上做到独立，"自由固不是钱所能买到的，但能够为钱而卖掉。"他还告诫年轻人"梦是好的；否则，钱是要紧的"。

吕碧城想要去深造，却被舅舅严词拒绝，对她舅舅而言，或许只是考虑了应有的一些因素罢了，不过对于碧城而言，不知是寄人篱下还是什么，她陡然升起一种奇怪的情绪来。

时光太短，眼界过宽，就是不经意的一瞥，已然漏掉了数年。从天津到上海，行程不过一天一夜，但吕碧城脱离的却是让她悲喜交集的空间，来到的是那让她陌生而又新奇的地方。

当一个人决定要改变自己时，他往往会从空间做起，他会换一个城市，这样才能方便他重新开始，因为那个陌生的地方，一切都是新的。

但即算是有那样的决绝，也不忍回望自己的过往，就如同流水一般，虽匆匆前去，也不免激起几多浪花，回眸一下源头。

当吕碧城乘船靠近上海之时，她是不是会在冥冥中感觉自己将会跟这座城市有千丝万缕的联系呢？她是那么聪颖，那么未卜先知，她当然应该是知道的了。

她或许想到了孩提时的那个清明节，那时，多的是烟雨朦胧，偶尔放晴，便一下出来好多姑娘，她们或去水边宴饮游春，或在水里洗衣，为的是洗除不祥，去除垢灾。想起自己与同伴们一同在春日郊游、捡拾羽毛，那种自由、那种纯真再也回不来了。自己现在寄人篱下，一切都得看他人脸色。两相对比，岂不烦恼？

人生往往会有很多的奇遇，"山穷水尽"之后的"柳暗花明"无疑是最神奇、最让人歆歟的。身无分文、无依无靠的吕碧城萍水相逢了一个贵人——天津"佛照楼"旅馆的老板娘。是善心使然又或许是投缘之故，好心的老板娘不仅支付了吕碧城的车票，还让她暂居自己家。

莫愁前路无知己，天下谁人不识君。一个漂泊在外的人最需要的是为心找到栖息之地，就算是萍水相逢，就算是擦肩而过,瞬间的庇护已经足够让人安然,进而还会嵌入自己的生命之中,毕生记忆。

安顿完毕,吕碧城便到处打听方太太的消息,不出几日就知道了她在天津《大公报》工作。迫不及待,吕碧城给方太太去了一封信,信中尽述了自己的不凡经历。

都说无巧不成书,生活亦是如此,在偶遇好心旅馆老板娘之后,吕碧城又恰遇了人生中的第二位贵人——天津《大公报》总理英敛之。娟秀的字体、流畅的文笔、过人的志气无一不让英敛这位爱才若渴的人欣喜不已,他亲自到"佛照楼"会见了吕碧城。

在佛照楼,吕碧城跟英敛之第一次见面。相较而言,英敛之必定是吕碧城的长者,况且此时的吕碧城还比较青涩,而英敛之已有不小的名气。

吕碧城当即赋词一阕《满江红·感怀》:

晦黯神州,欣曙光,一线遥射。问何人,女权高唱,若安达克?雪浪千寻悲业海,风潮廿纪看东亚。听青闺,挥涕发狂言,君休讶。

幽与闭,长如夜。羁与绊,无休歇。叩帝阍不见,

第一章 雨打花枝——遭逢世事冷暖

怀愤难泻,遍地离魂招未得,一腔热血无从洒。叹蛙居井底愿频违,情空惹。

这算是对英敛之的见面礼,文人见面便不忍切磋几招,吕碧城算是英敛之的后辈,自然没有跟英敛之切磋的资格,于是便自己耍了一通,好让英敛之做个点评。

不过这哪算是在英敛之前的"献丑",简直就是呼号,就是战斗檄文。也难怪,吕碧城刚刚摆脱青闺的羁绊,她需要唤醒这幽闭如长夜的时代,于是她便发出了蛙居井底、潜龙在渊的自信狂言,那种气度简直比肩当年李白平视王侯。

其实吕碧城是犯了大忌的,初次见面,一个晚辈怎能在长辈面前如此狂妄自大?幸好英敛之是个爱才之人,对世俗礼节讲究不多,便如获至宝,将其纳入照顾之列。

千里马遇伯乐,于千里马于伯乐都是幸事。生活不像想象中一般,千里马与伯乐很少成对出现,如此一来,便多了千里马的空悲切,多了伯乐的常欷歔。碧城遇到英敛之不仅是一种幸运,更是一种契合之美、一种合榫之美。恰是如此让碧城走出幽谷,清芬解秽。

寄人篱下,看尽人情凉意;恰遇贵人,体味魂灵相通。回望时，碧城已经踏上了独立自主的人生路。

等闲何须劳素手，不知国色有奇才。回望一下那些曾在凡尘中匆匆而过的绝世红颜，吕碧城似乎也不能摆脱与她们同样的命运，"身似落花常近水，桃源清浅误佳人"成了她们最后共同的归宿。综观吕碧城洋洋洒洒之一生，她有过"绕屋寒花笑相向，一抹春痕梦里收"的落寞，也有过"青帝有心三春树，我到人间只此回"的洒脱，凡尘种种，她都一一领受过了，她将自己最终的属地定在了佛门，是一种解脱还是冥冥中的定数？谁人可知！

英敛之遇见吕碧城时，感觉耳目一新，不是为别的，而是因为他周围从来没有见过这样的女子，说她是："碧城能辟新理想，思破归锢蔽，欲拯二万万女同胞，复其完全独立自由人格。"

不过事实证明，英敛之似乎只是叶公好龙而已。因为像吕碧城这样的一个具有"独立自由人格"的才女，她必然经历一个自我的觉醒，最后达致美的觉醒。她的着装已经"出卖"了她：她时常摇曳着长长的"孔雀羽毛"招摇过市！

普天之下，没有一个人能彻底读懂吕碧城的情感，她不是男人随便攀折的花枝柳条，而是亭亭玉立的一棵树，她不能如栀子花般即插即活，她的根是不能移动的，她还需要天然的阳光雨露，才能枝繁叶茂，灼灼其华。又有哪一个男人能够做到？彼时的男人多半希望女人能如一根藤条缠住自己，他们需要的是那种被人依附的感觉，可惜吕碧城给不了他们这种感觉。

III / 报人英华

　　由书香门第到寄人篱下，这种生活境遇的急转直下，早早地塑造了吕碧城的性格，她细腻、敏感、尖锐、脆弱、固执、叛逆，如万花筒般绚丽，只是自己的心，早就被折射得忘乎自己了。

　　这是一种不幸，不幸在于对吕碧城自己而言，一个女子的心竟然承受如此种种，最终使她悲苦一生，孤寂相随。试想，如果没有早年的如此经历，或许她便如平常女子一样独坐绣楼，等待那个提亲者，然后相夫教子，终老一生。就算吕碧城天生聪慧，也只能昙花一现，终究逃不过世俗的羁套。

　　这也是一种幸运，幸运在于那个时代，一个女子正因为承受了如此种种，才能通彻现实、感同身受，加上她天资聪颖，

第一章 雨打花枝——遭逢世事冷暖

必然不甘就此一生，于是便有了民国办女学、兴女权；便有了婉约与豪放的结合，成就了"最后一位女词人"。

福祸总是相依相生，这已然被中国古典哲学证明得圆润无比，吕碧城寄人篱下实属一种"祸"，听起来不可思议，不过在吕碧城心中，这已然是一个不小的"祸"了。祸已来过，接下来便是福了，遗憾的是吕碧城年幼对此等生活经验全然没有接触，不然对福的期待是不是也能冲淡她心中的"祸"影呢？

吕碧城逃离北上，遇见了英敛之，这不可谓不是她一生的福了。

英敛之对于吕碧城，是朋友、是文友、是长者，更是贵人，可以说吕碧城人生的转折都与英敛之有莫大的关系，如果她没能遇上英敛之，她的命运会如何，很难预料。

人的一生中总会有几个让你难以忘怀的人与不能忘怀的人，因为他已经成了你生命中的一部分，成了你过往人生中的一些注脚。人的一生充满着各种各样的奇缘，每一个奇缘都可能将自己推向一个高峰，如诸葛亮与刘备、关羽与曹操、萧何与刘邦……已然成为我们可以学习的榜样，不过这种缘分是可遇不可求的，幸运的是，吕碧城就碰上了她生命中的大贵人——英敛之。

吕碧城，一个从封闭、老旧的乡村走出来的才女，走进了以前专属于男人才能涉足的社交领域，并开始在那里发音，刚一开口，竟然如雏凤清鸣，音振千里，怎能不引人注目？

"玉在匮中求善价，钗于奁内待时飞。"如此一个才华卓绝的女子，缺的只是一个命运的契机，而英敛之恰好给了她这个契机。

英敛之，满族正红旗，标准的贵族，不过他生命的缘起却是从一个贫苦家庭开始的，他的父母一直靠做苦力谋生。英敛之本名郭英华，虽然出身寒苦，但他从小便知勤学，常常一人到颐和园边的茶馆捡人丢弃的茶叶包装纸拿来练字，那时候，要做一个读书人，字迹是门面。

自古以来，穷苦之人便将读书考功名当做改变人生境遇的捷径，其实对他们而言，这何止是捷径，简直就是唯一的途径。由此，读书在穷苦之人心中的分量便不须赘述了。

一次，郭英华被一个云游道士看中，感觉他聪明伶俐，颇有志气，便收他为徒，带回京城。后来，他又有机会做了一位处馆塾师的书童，耳闻目染了不少知识。英华常随塾师到一没落的宗室觉罗家授课，有意思的是，英华竟然与那个女学生日久生情，上演了一出"牧童爱上公主"的爱情童话，且修成正

第一章 雨打花枝——遭逢世事冷暖

果,最后这个女子成了英华的妻子。

爱情故事有时候就是这么产生的,虽然"公主"的家庭没落了,但相较于英华而言,自然是要高出很多级,不过对孩子而言,哪有那样一份算计,有的是一份听从内心的声音。一个人,能在少年时期遇上纯美的爱情,并修成正果,这是一种难得的奇缘,需要前世多少年的修行呢!

理想是一回事,现实又是一回事,郭英华固然是想要在文上有所成就,不过因生活所迫,他不得不在尚未接触到"四书"时便弃文习武,做了一名士兵。

几年之后,他认清习武得不到社会的尊重,即使他当时"石能提三百斤,弓能弯十二力,马步之射十中其九"。英华又一次调整了事业的航线,弃武从文,不过他因求知欲极强,两个月时间遍通览《四库提要》,各种知识,无一不涉猎。

英华愤世嫉俗,痛恨贪官污吏,在研读了利玛窦、汤若望等人的典籍之后,中毒颇深,皈依到了天主教门下。

弃文习武,因为生活所迫;弃武从文,源于内心招引,生活不就是一个现实跟内心博弈的过程吗?又有哪一个人能做到心与现实完全契合呢?不是内心暂时屈臣于现实,就是现实成了内心的仆人,恰好在此过程中出现了人世的悲欢离合,世间的阴晴圆缺。

倘若一个人懂得了如此的人生哲学，便能在现实与内心之间自由转换，并体味人生特有的情怀。可惜多数人不能参透此悟，结果只能是愁苦多于欢乐了。

1895年，清政府与日本签订丧权辱国的《马关条约》，引发康有为等维新人士"公车上书"，继而发动变法维新。郭英华虽不能直接加入维新团体中，但他对变法的态度无疑是支持的。

那时的读书人都有一腔热血，他们被经史子集中那种恢恢乎的爱国情操所感染，对未来，他们意气风发，对当下，他们疾恶如仇。不过反观历史，便知多数读书人是空有一腔热血罢了，因为他们不问世事，不谙俗情，一旦他们天真地将书卷之中的文辞搬到现实中来时，接踵而至的便是不解、嘲讽，甚至头破血流。唯一可泣的只能是他们前仆后继、永不退缩的队形罢了。

1898年，郭英华轮作《论兴利必先除弊》的文章，痛斥社会弊病，主张变法维新。戊戌政变后，恐维新言论被株连，郭英华离开北京，南下上海等地。巧的是，他在船上竟然遇见了康有为，两人交换意见，交谈甚欢，不过直到分别，他们皆不知道对方是谁。

只要心中所属的那片天地一样，又何必在乎对方姓甚名谁呢。真正的交流，是心与心的碰撞，是论点与论点的交流，如果总被外物所牵连，每人撑起一把扇，彼此的天地就必然相异了。当下，一些人热衷于跟名人合影，索要名人签名，其实他们又在多大程度上与自己的偶像神交过呢？不得而知。

1900年，八国联军入京，郭英华于8月返回天津，准备共赴国难。不过当他在此回归故里，目之所及一片狼藉、国破家亡，郭英华痛心疾首，然而无力回天，只好再次南下上海，寻求片刻安宁。

一直以来，我都会被历史中的那些仁人志士的爱国热忱所感动，以为他们能力挽狂澜，创造一个新世界，其实个人在历史中又有怎样的作为呢？更多的时候是一种有心无力。

人说文章憎命达，此命不仅包括个人的经历，也应当包含国家时运吧，时运不济往往能刺激人发出更多感慨，成就绝美诗词。

戊戌变法后，慈禧太后逃至西安躲避，已然如丧家之犬，全然没有了封建帝制的那般气焰，对洋人唯唯诺诺，顺带也将戊戌变法中的一些通缉犯给赦免了，郭英华赫然在列，不过他的名字却被人误写为英华，此后他就改为"英"姓，是为英敛之。最为有意思的是,他的父亲也跟着他改为"英"姓,这实属少见。

这便是彼时读书人的悲哀,曾几何时,他是那样意气风发、赤胆忠心,那种不达目的誓不罢休的气势,那种摧枯拉朽的势头,已然成了正义的化身。不过这一切在那个如丧家之犬的慈禧的一个错误中就被现出了原形:"郭"姓改成了"英"姓,并且父随子姓,岂不滑天下之大稽!

这固然不能全怪罪郭英华,需要怪罪的是那个时代,君臣父子、夫妻将那时的社会统管得井井有条,虽偶尔有人试图跳出这个秩序,不过一旦被"君、父、夫"召唤,他们便又欣然回归。我们"旁观者"固然看得清清楚楚,但那时的"当局者"却不知所以。其实这就是一个历史的轮回,我们何尝又不是一个"当局者"呢?等到后世的"旁观者"看我们的时候,也会对我们今天的迷茫深感奇怪,不过这恰巧就是历史罢了。

1901年,英敛之回到天津,受西方文化影响,他一直关心国事,关注时局。他深知当时中国缺乏现代政治思想、国民愚昧,便产生了办报的想法,为的是改良社会、变革政治。

此时恰逢柴敷霖跟人合议筹资办报,英敛之受他们的邀请,身兼经理、编辑等数职。起初,他们想要将报纸办在北京,然毕竟在天子脚下，言论不甚自由，最后只得将其移到了天津租界。出于实际情况，报纸本来邀请法国主教樊国梁出资，且要将其设在教堂内，不过遭到了英敛之的全盘否决，因为他想要保持报纸的独立性。耗费几多精力，《大公报》终于在1902年6月17日得以面世。

在创刊号上，英敛之将《大公报》的办报宗旨定位为"开风气，民智，彼西欧学术，启我同胞聪明"。如何将报纸的名称定位"大公报"呢？英敛之的解释是"忘己之为大，无私之谓公"，他还要求办报人能"守正不阿，以身作则"，凡此种种，《大公报》一出刊便引起了世人关注，后来发展为中国办报史最长的中文报纸。

正是创刊人英敛之的这种坚忍自持、人格独立，让《大公报》成为了中国近代史上最有影响力的报纸，也成了研究中国近代政治发展史的重要史料。

100多年来，《大公报》以"坚持宣传正义声音"为宗旨，以立论中肯、报道翔实为特色，在国际上建立了良好声誉，这跟英敛之当初的坚持不无关系。

英敛之的办报宗旨、他对报人的要求，至今看来，仍颇有见地。其实很多道理，多少年前已经有人提出，后人只不过对其翻新了而已，人类社会需要的道理其实就那么些，之所以一直被翻新，只是因为人有劣根性，需要一直不停地自我剖析与管理罢了。不然，《大公报》这样的报纸，只需几年就可停办了。

英敛之素以"敢言"著称，在《大公报》创刊5年之时，他刊发了社论《论归政之利》，呼吁慈禧归政于光绪皇帝，众人皆知，这完全是在提着自己的脑袋跳舞。对清末官场上的乌烟瘴气、魑魅魍魉，英敛之在《大公报》上对其进行了无情的鞭挞，讥讽其为"十派"、"九如"，讽刺之深，入木三分。

是英敛之大无畏，不惧死亡吗？并不见得，或许是他找到了适合宣泄自己的舞台，而他又是那个渴望表演的舞者，于是他便在台上劲舞了起来，至于下面是掌声或者是鸡蛋，他却无所谓了。

很简单的道理，如同有人找到了属于自己一辈子的姑娘而神魂颠倒，有人见到了一辈子梦中的景象而疯癫狂欢，有人看到自己中意的球队赢球而兴奋过度，一命呜呼。所有人都有疯狂的一面，只是启动每个人疯狂情感的钥匙不一样而已。不管如何，能够找到这把钥匙，终究是幸福的，就算是以生命为代价，不是吗？

英敛之是个全然的新派人物，他把自己的辫子剪掉，要知道这在当时是砍头的罪；为了穿西装，他专门到租界找日本裁缝为自己做了一套，穿上之后，他感觉并不舒服，其实他是把原来的衣服架子穿到了里面。他还让全家人都穿西装，特意叫摄影师将他夫人的西装照拍下来，挂在客厅，其实他让夫人穿的只是俄国女人的睡衣而已！

凡世间开放创新者多是异于常人时令的，或许对于创新内容本身，他们也是一知半解，不伦不类，可贵的是他们一直走在创新改革路上的心，那股劲头、那种有些小丑般的自娱自乐，能说不可贵吗？英敛之的种种做法，今天看来或许是笑话，不过他那种大无畏的精神，那种敢为人先的拓取，又有几人能及呢？

1905年，美国通过法案，严禁华工去美国，这遭到了上海商务总会的抵制，爆发了持续8个月的抵制美货运动，罗斯福将舰队派到了广州，软弱的清朝下令平息抗议活动，特别是袁世凯，下令查禁反美报刊。

强权之下，多数人都低头了，唯有英敛之不屈服，依然拒绝刊登美国广告，公然与袁世凯为敌，并在报纸上发表《说官》社论，矛头直指袁世凯，不过因为《大公报》报馆设在法租界，袁世凯无可奈何。

其实，袁世凯欣赏英敛之的才华，曾多次笼络他，希望与他交好，然而英敛之却不为所动，一直与袁世凯相斗。英敛之一直主张君主立宪制，希望以改良的办法，在体制内进行改革。其实，十多年来，英敛之跟袁世凯为敌，并不是因为袁世凯为清廷效力，相反，是因为他断送了大清江山。

历史如此让人捉摸不透，基本而言，站在袁世凯对立面的都应该是历史的推动者，其实他们也并非完全是顺历史而动的人，英敛之就是如此，他一心想保住大清江山，只是希望通过改革去除弊病而已。

为何如此？因为英敛之本身是一个满清贵族，无论如何，他都不希望自己祖宗创立的基业就此断送。看来无论经过多少开明知识的熏陶，一些先天的属性还是不自觉地战胜了社会属性，这不能不说是人的悲剧。

英敛之虽然只是主张君主立宪，反对共和革命，但他一直公开反对清廷对革命党人的镇压，作为一个报人，这是十分难能可贵的品质。1903年，新闻记者沈荩被清政府迫害致死，《大公报》就将其揭露于世；1907年，革命党人徐锡麟和秋瑾被清廷杀害，《大公报》连连发文进行谴责；1909年，《大公报》发表《异哉，某项国》，支持开放党禁……

1912年，袁世凯任大总统之后，英敛之痛感十足，心力交瘁，便移居北京香山，不再主持言论。之后，英敛之认为教育乃救国之本，1913年创立"辅仁学社"，1925年创立"辅仁大学"，以全身心致力于教育，1926年，他终因劳累过度，在北京辞世。

第二章

芳名远播
—— 津门花艳开

I / 鹊起津门

吕碧城是幸运的，幸运在于正要为自己的鲁莽"负责"的时候遇上了英敛之，幸运在于英敛之跟吕碧城的姐姐之前就已相识，吕碧城能得到英敛之的赏识少不了这方面的因素。

其实生活就是如此奇妙，前一秒钟，我们还在为自己的走投无路而慨叹人生无常，飘荡如浮萍般没着没落，这一刻却横空出来一个恰逢其时的人。不过，同样的境遇，并不是每个人都能遇见，更不是每个人都能从中感悟出人生特有的韵味来，而吕碧城无论从哪一方面来说，都是一个能通感人生五味杂陈的人。

吕碧城能与英敛之相知相识，还与她的二姐吕美荪有莫大的关系，即使她们后来关系不甚融洽。1901年，英敛之因公办

第二章 芳名远播——津门花艳开

到上海，机缘巧合，结识了吕美荪，两人算得上是才子遇佳人，彼此唱和诗词就在所难免了，吕美荪曾赠诗与英敛之：

知交零落几经年，得识荆州亦夙缘。海内贤豪推领袖，樽前褚墨走云烟。

热肠似我还忧国，宰肉何人欲问天。记取江河旧风景，五陵佳气尚依然。

英敛之也不白受此诗，随即和诗一首：

风尘牛马一年年，梗泛蓬飘任结缘。浊酒哪能浇块垒，新诗聊尔托云烟。

民愚深痛难为国，人定何忧不胜天。为诵青莲良友句，与君并合岂徒然。

一唱一和，将两人的志趣谋和得不离不差。志趣真是奇怪，它能不分时宜地将两人连通起来，没有了年龄大小之差，消除了男女两性之别，能够如此超越现实，除了志趣还真是少见。

虽说在这之前，吕碧城给方太太写的信得到了英敛之的赏识，但在中国的人情世故中，关系是断然不能或缺的，有所区别的只是表现形式而已。正是有了吕美荪跟英敛之之前的熟识，加上吕碧城横溢才华的催化，英敛之才得以成了吕碧城的朋友，而这恰恰成了吕碧城一生的命运中那个向上的拐点。有些时候，好运气就是这样直接撞上来了！

　　相信很多人都有过这样的感觉，人在不同的地方，身心感受会迥然不同：在一个地方会身心压抑，不得释放；在另一个地方则会神清气爽，畅快无比。有人会就此苦恼不已，以为是自己无法如有些人那样淡看花开花谢，闲观云卷云舒。

　　其实，又有哪一个人能够避免一生中必然经历的地方呢？或许你本有一颗诗意盎然的心，但你却生在寸草不生的荒漠；或许你有一股驰骋万里的豪气，你却身处万丈青山之中，这一切都是命中注定，都是上天的安排。从来，我们都是环境的俘虏，不同的是每个人坚持时间的长短和拥有的心态不一样罢了。

　　吕碧城出生时是晴或者是雨，我们不得而知。但心中却一直希望她出生在秋天，因为秋天无论晴雨，总是高爽的。如果真是这样，那灰黄古旧的色彩，必定能让她记住人世间的第一缕暖色，那样的她该有多契合那时的时节啊！

　　世间有一种女子，淡雅得让你不忍触碰，那是因为每个人心中都有一份最纯真的记忆，但这份记忆已经在红尘的染缸中尽染，基本看不见它的真面目了，突然见到如此一个淡雅的女子，便蹑手蹑脚，生怕这份淡雅被破坏。

　　就算是我们都被红尘沾染，但留存心底的那份淡雅就如同

第二章 芳名远播——津门花艳开

种子一般留在那里，等到适当的时候，它便生根发芽，可惜适合生根的季节却越来越少了。

有人说，当你爱上一个地方，是因为那里有你值得留恋的东西，或者是你难忘的片段，其实都不是；爱上一个地方，是因为在那里，你能肆无忌惮地释放，声音也好，情感也罢，最妙之处在于这些地方还能给你回响，天人合一的神通也不过如此！

天津之于吕碧城，必然是一个全然可以释放的地方，一阕《满江红·感怀》让她敢发"欣曙光一线遥射，问何人女权高唱"之天问，空抒"一腔热血无从洒，叹蛙居井底愿频违，情空惹"之悲情。

那时的中国，尚处于封建思想根深蒂固的晚清，吕碧城的这阕《满江红》无疑成了女性解放的宣言，振聋发聩，并随着《大公报》如同一缕春风将天津的一池死水吹皱，生机勃现。

一个女子，在当时文化水平如此之低的中国才华横溢，早已经够得上美谈了，但她却附加了姣好的面容，如此怎能不让人心慕之？历来，那些漂亮的女人总有相当一部分能很好地利用自己天生的本钱，对于坐冷板凳读书之事颇有不屑。对此，英敛之以"力挽颓风，且思想极新，志趣颇壮，不徒吟风弄月"

之词赞美吕碧城也就不足为怪了！

天才是什么呢？

如果要用勤奋、机遇这类的词来形容，那恐怕这样的天才也不过是凡人中的高个子而已。真正的天才必然是上天点拨了他们一下，如此一来，世上那些让人蠢笨难行的事到了他们手里，就能翻云覆雨、掌握自如了。

老天必然是点中了吕碧城的诗词天赋，否则她的笔触怎么能行云流水、流光溢彩呢？

古人讲"格物致知"，但要真正达到"致知"何其之难。然而吕碧城似乎根本没有经历"格物"便已经"致知"了，因为她原本就具有某种天赋，既然如此，又何需勤奋锻炼呢？

吕碧城似乎比所有的人都走得快一步，比所有人都站得高一截，如此一来，凡事她都能了然于胸，只要在心头一过，便已知所以然。她的视觉能够通感嗅觉，嗅觉又能通感出味觉，她能让万物自语，怎能不叫人拍案叫绝？

像吕碧城这样才华卓绝而又心怀天下的女子，她的一生必定是要跟这个时代连接的。而当时"日俄战争"正酣，虽然战争的主角没有中国，但却被沦为日俄两国口中争夺的肥肉。眼见国家主权屡遭侵犯，吕碧城情之所切，作诗一首："旗翻五色卷长风,万里波涛过眼中。别有奇愁消不尽,楼船高处望辽东。"以此表达自己的愤怒。

吕碧城无疑是一位端庄贤淑的美丽女子,但她却能心怀国事与天下事,这种柔与刚的结合成为最好的呼号,引来有识之士纷纷赞誉、和诗,其中当属"寿椿楼主"的4首最为出彩:

鱼龙争长扇腥风,谁陷辽民水火中?渤海茫茫百感集,放怀欲鸣大江东。

一枝彤管挟霜风,独立裙钗百兆中。巾帼降旗争倒置,焕然异彩放亚东。

女权发达振颓风,力破厄言主馈中。学界乾坤原一体,迷航从此渡瀛东。

下田歌子此其风,人格巍然女界中。教育热心开化运,文明初不判西东。

诗中对吕碧城的溢美之词占据大半,虽无华丽的辞藻,但吕碧城的担当之情已然跃然纸上,呼之欲出。

我常常凝视吕碧城那简单的黑白相片,越是凝视,与她的距离越是被拉开。其实这个距离从时代就已经区别开了,门第之别、时空之差，让我错过了她100年，仰望她时，那种无力感充斥了我的全身。

我们时常诵读"商女不知亡国恨，隔江犹唱后庭花"，正是这种反差，加上吕碧城姣好的面容，让我们不由自主地恍惚：民国竟然有这样的一位奇女子，没用自己天生的本钱去捞世界，而有足够的耐心坐冷板凳去读书，真是胸有点墨、心忧天下！

英雄遇见美人，必定会缠绵出一段浪漫的故事，如果没有，那人生不知道有多索然无味了。可自古英雄遇见美人，多的是爱恨缠绵、落花流水，少有情投意合、郎情妾意。其实对美人一见钟情的又何止是英雄？哪个凡夫俗子不是心向往之呢？何况吕碧城是个才华横溢的美女子！

凭心而论，英敛之算不得是怎样的英雄，就年龄而言，他比吕碧城大了整整16岁，且有妻儿，他是难以成为吕碧城心中的白马王子的。不过遇上吕碧城这样的女子，英敛之也难逃凡尘定律，难脱凡胎俗骨，尽管他不会将自己的心迹敞开，但1904年5月13日的这篇日记却"出卖"了他。

五点起，信笔拟填：

稽首慈云，洗心法水，乞发慈悲一声。秋水伊人，

第二章 芳名远播——津门花艳开

春风香草，悱恻风情惯写，但无垠悃款意，总托诗篇泻。

莫误作，浪蝶狂蜂相游冶。叹千载一时，人乎天也。旷世秀群，姿期有德，传闻名下。罗袂琅琅剩愁怀，清泪盈把空一般。

怨艾颠倒，心猿意马！午后，内人、吕碧城等楼上写字。……内人闲谈近两点，伊欲进京读书。

好个"心猿意马"，好在英敛之却也一再约束自己的情意，不作"浪蝶狂蜂"，反而是这种约束透露出来的心迹最真实、最实在。

其中最让人寻味的是吕碧城来到报馆仅有短短6天，英夫人却要进城读书，看来男人的心迹在女人面前多半是透明的，只是还不知道吕碧城是如何参透英敛之的心迹的。

又或许是吕碧城早已通晓英敛之一切的朦胧情意，所以她在四月初三的时候便回到了塘沽，也是为跟舅舅赌气出走表示歉意，毕竟他是吕碧城本来就不多的至亲之一。

出行前一晚，英敛之为吕碧城饯行，虽然短短十余天，但那"暂时惜别，相对黯然"的情愫已经让他不能自已了。倒是英夫人，在吕碧城被送走之后，发愤读书、写字，心中的意味或许只有她自己才能体悟。

英敛之是明智的,他那泛滥的情感终以"发乎于情,而止于礼"而结局,可这对于英敛之,何尝又不是一场最美的风花雪月呢?遇见如此才情斐然与容颜绝代的女子,情感的泛滥只是一种必然而决不会是偶然。

在我们一生的时光中,常常会偶遇各种情意,触发这种情意的,很多时候仅仅是一次回眸、一个笑靥、一句嗔怒……不过每次它都能击中我们心中最多情的那根神经,荡漾起内心最浪漫的情怀,不过只是一下,便慢慢荡尽,了无声息了。有人将它记忆起来了,于是他的心灵日记"罄竹难书";有人将它忘却了,却无法磨灭刹那间的心动。

许多时候,我们不知道从哪里来,又要到哪里去,恰恰是这一次次的心弦的拨动,让我们明白身体只不过是跟岁月借了一具躯壳,其实无所谓从哪里来,又要到哪里去,任凭灵魂自由,足矣!

天琴老人樊增祥曾如此赞美吕碧城:"得手书,固知吾侄不以得失为喜愠也。巾帼英雄,如天马行空。即论十许年来,以一弱女子自立于社会,手散万金而不措意,笔扫千人而不自矜,乃老人所深佩者也。"

第二章 芳名远播——津门花艳开

其实生活的最大意义在于善待自己的内心和梦想，而不需要过于在意别人的认同与羡慕。依照自己的内心而活，会让那份坚持更加执著，能让那份挥洒更自如。相反，如果一再按照世俗定律亦步亦趋，那样的生活又有何乐趣可言！不过在那个时代，能够坚持梦想，留住真性情，并保持那份看风景的兴趣与热情，那种执著与勇气，实在难能可贵！

每个人都是哭着来到这个世界的，仿佛承担了某种罪孽一般，但是一旦度过了最初的胆怯，接踵而至的便是新奇与喜悦了。随着时光流逝，红尘的一切在你身上投影后，那种新奇与喜悦慢慢地减少了，幽怨开始爬上心头，越积越多，直到最后的欲哭无泪。人生俨然成为了一个轮回，花开之时便注定了花谢，幕启时分便会有谢幕的那一刻，与其为未来担忧，不如好好享受花开时节、幕启时分。

芸芸之中，就算你再过平凡，生命中也必然隐喻了某种哲学，很多时候只是你我没能看见而已。所谓一叶知秋，滴水观海，便是如此。吕碧城固然光芒耀眼，我们能在她身上读到那么多的传奇故事，懂得那么多的人生道理，但是我们没有任何理由忽视那些平凡的人，包括你自己，只要你用心，也能读出他们的故事来，一定还是他们特有的。

如果你热爱生活，时常会被一些细小的柔情潜入心底，带给你连绵不绝的感动。刹那间，你会发现，原来躯体已经不再重要，重要的是它负载的灵魂。躯体从生到死不都已经交给了岁月了吗？就算你有通天的本领又如何能逆转这种生物身体衰老的态势呢？唯有你的灵魂，你能让它永葆青春，你可以自由支配，遗憾的是它要以身体为载体，不然还会有上帝吗？

Ⅱ / 女学志

舅舅因遭人参劾，官职不保，无力再留吕碧城在家寄宿。不过此时的吕碧城已经打开了眼界，是断然不愿重回闭塞落后的乡里，渴望留在京津一带求学。留在此地，首要做的便是找一谋生手段，对吕碧城而言，最好的职业莫过于教书了，而这就得有求于英敛之等人了。

不过清末教育主要以私塾为主，且私塾先生社会地位极低，收入当然特少。吕碧城是这样的女子，做一件事便要将其做得完美，不过要想做成一位有声望的私塾教师，要想教出好学生，岂非那么容易？并且当时吕碧城的国学学识已经颇为可观，京津一带，再无别的合适的学校供她深造。英敛之跟傅增湘等人一合计：何不让她去一年前开办的女子学堂教书呢？

就这样，吕碧城的生命就跟女子学校联结上了。其实生命何尝不就是这么神奇，人生历程中的一小步，或许会决定你大半辈子的方向。生活中的种种奇遇就像是给了你一个舞台，给了你一定的时间，让你自行上台表演，或许你就成为了主角，或许你就被轰下了台，吕碧城无疑成为了这个舞台的名角。

吕碧城将《大公报》作为一个舆论阵地，在上面发表大量诗文，倡导兴女权与女性解放。她不光有胆识，还有策略，她明白要真正实现女性独立，"启发民智"是必需的，只有极大提高女性的思想文化素质，才能真正实现女性的自主独立。譬如一个病人站立不稳，需要我们手扶，但只要我们一放手，病人便会倒下，所以我们主要做的便是医治好病人，让他能自己站立。

那个时代的中国，风雨如晦，不过吕碧城的出现让我们看到了那个阴暗的大地上亮出的不多的一线曙光。

她把女权高唱，将法国女革命家若安、女爱国者贞德赞颂，让封闭落后的中国有了一点儿进步的气息。历史选择了吕碧城，在那个漆黑的长夜中，束缚与羁绊无休无歇，我们能听到几个女子在深闺里挥泪发出狂言絮语也属正常。试想，谁能够经受得住这大地暗如晦？谁能承受这背井离乡的魂牵梦萦？一腔热血便化作女子自立自强而挥洒出来了。

女人，多会为了爱与自由而逃离，不过更多的时候，是从这里逃到那里，并不能突破世俗的束缚。吕碧城则不一样，她用不着逃离，而是将自己的心悬空起来，这样她便能俯瞰一切凡情俗律了。

办女学，无疑成了"启发民智"的最好途径，吕碧城就抓住了《大公报》这一载体，在上面发表多篇言论，宣扬兴办女学是何等重要与必要，并将其提升到关系国家兴亡的高度，有力地冲击了积淀千年的"女子无才便是德"的陈腐观念。

不能怪那时的女子太软弱，她们长期处于弱势，习惯了被保护，从懂得性别的那一天其实就已经暗暗将自己的命运托付给了男人，她们期望的是遇到一个好男人，而不是如何能与男人平起平坐。

第二章 芳名远播——津门花艳开

如此一来，婚姻就像是赌博，赌赢了，便可以一辈子吃喝不愁，倘若输掉了，那就要拿后半生来做赔偿。吕碧城是不愿意做这样的赌徒的，她要自强自立，要永远确保自己是赢家。

天津女子学堂是由傅增湘主办的，作为中国最早的女子师范学堂，能在天津创建，偶然是说不过去的。当时的天津已是国际大商埠，官商云集，人来人往，加上各国租界存在于此，欧美文化不自觉地在此地传播开去，各种思潮在此碰撞、融合，男女平等的思想也渐渐在此生根、发芽，妇女解放成了潮流，创办女学也成为了必然之选。

在当时，文化是最"弱肉强食"的，两种文化相遇，先进的文化必然要征服落后的文化，这在中国封建历史上已被无数次证明。列强侵占中国，强行租借，无疑是对中国的一种欺凌，但无意之中，他们带来的先进思想却又在此改造着中国落后的文化。历史就是这么吊诡，要如何去看待它呢？只能是仁者见仁吧。

吕碧城的才华，在《大公报》上早已崭露头角，她自己也早已活跃在天津上层社会，见识颇广，人脉颇众。经过英敛之一介绍，吕碧城顺理成章地跟傅增湘筹办女学了，没多久，她的姐姐吕惠如也加入了办女学的行业。

提及吕氏四姐妹，可谓是当时教育界的一段佳话，长姐吕惠如时任南京师范学校校长，二姐吕美荪时任奉天女子师范学校校长，四妹吕坤秀时任厦门师范学校教师，吕碧城自己后来成为了天津女子师范学校校长。4朵教育界的金花争相绽放，这或许是对她们母亲当年的隐忍与开明最好的报答吧。

人的辛苦若能得到回报，人的决断若能得到证明，这是莫大的一种安慰，会使人有一种不小的成就感，不过这样的人越来越少了，因为大家习惯了随波逐流，习惯了听天由命。

傅增湘非常欣赏吕氏姐妹的才华，并且找来方若、梁士诒、卢木斋等社会贤达名流加入办女学中，大有轰轰烈烈勃发之势。

不过具体操作时，他们却发生了分歧。傅增湘主张官办，主要是仿照日本贵族女校的形式，只收官绅之女；英敛之却主张民办，认为官办有"势力之见"，最后几经博弈，定为民办，取名为"女子公学"。

吕氏姐妹也是同意民办的，这毕竟跟她们的经历有关，她们的主张得到了袁世凯和唐绍仪的支持，并正式委任吕碧城主办女学，由政府津贴，如此一来，女学在天津迅速成立起来。

吕碧城成为了中国第一位女校长。

那个时候的中国还处于风雨飘摇的清朝的统治之下，从来没有一个女子如此"嚣张"地站在这样一个大公共舞台上，更可况，她还如此漂亮！

傅增湘主张官办跟他一直担任教育总长不无关系，他长期端坐衙门，渐渐地疏远了民众，思考问题起来也多半是照搬照抄，这也不足为怪了；吕氏姐妹就不一样了，她们曾长期处于社会底层，深知那里生活的困苦和学识的需求，自然就主张民办了。可见，一个人的经历会若隐若现地影响人的一生，这种"阶级感情"是培养不出来的。

吕碧城是有自己的一套办学理念的：她首先呼吁女子教育的重要性，为此在《大公报》上发表了题为《论中国当以遍兴蒙学女学为先务》的文章，抨击旧礼教，呼吁新女学；她认为女子跟男子一样具有个人与国民的双重身份，女子教育不是培养贤妻良母而是造就"对于国不失为完全之国民"、"对于家不失为完全之个人"的新型人才；她主张"德、智、体"全面发展，重视女子道德的培养、知识技能培训，发展女性健全人格和健康身体。

吕碧城的女权是一种自觉的反抗，不过这种高度却不是最初就能达到的，她必定是生而为女人，继而为才女，终而为女权者的。

初始，吕碧城只能借助《大公报》的阵地，言说自己最初的女权思想，无形之中，她附和了那个时代精英男性的观点。她的女权观念是契合在民族自立强大必然要兴女学的因果关系中的，如此一来，她常常被裹挟前行，少了应有的那份自觉自立。不过依照吕碧城的个性，她怎能甘心被如此裹挟？慢慢地，她萌生起了这种自觉，她对婚恋问题的见解便是明证。

吕碧城在这之前根本没有接触过教育，但她的这些教育理念就算是在今天，也一点儿都不显得落伍，可见她非凡的教育才华。

有人天生就对某方面有一种灵性，所谓"天将降大任与我"，其实最重要的是找到适合自己的"大任"，否则，就算是白白牺牲了精力、时间，却一无所得，这无疑是一种悲哀。吕碧城在教育上找到了自己的天性，她的这些理念似乎天然就存在于她的脑海中，随手拈来，那种惬意不仅对她自己，对后世的旁观者而言都是一种难得的潇洒。倘若人能够找准自己的"大任"，便恢恢乎得心应手，全然不会有那种"先苦其心志，饿其体肤，行拂乱其所为"的痛苦，这或许是我在吕碧城身上得到的不小启发吧。

不过凡事皆难完全遂人心意，天津女子学校在开始还算顺

第二章 芳名远播——津门花艳开

畅，然而当地的绅士一怕担责任，二怕被人闲言碎语，因为女学在当时的中国毕竟还是新奇之物，他们畏畏缩缩，不愿出头露面，也实属正常。

这或许就是大多数中国人的特性，有风险、有责任，不愿担当；有好处、有利益，驱而附之。虽然吕氏姐妹几多坚持，不过也有灰心的时候，好几次都要撒手不管，只身回到安徽老家。幸好，此时得到英敛之的宽慰、鼓励，才让她们得以坚持下来。

女性要自由，必定要取得社交的自由与平等，然而在中国传统社会中，一直有"严男女之防"之说，禁止女性参加任何社会活动，只能困守于家庭、相夫教子，争当贤妻良母，每日"事父母、事舅姑、事夫子"。如此一来，女子已然成为男性的附属品。

性情刚烈的吕碧城固然不愿如此就范，她有最开阔的视野，有最大的勇气，从而果断地冲破了男女之畛域，并依靠自身的才情、人格和精神气度获得了男性社会的友谊与尊重。她成了20世纪中国女性的典范人物，在其他女性还封闭在自己的闺房内时，她已经走出了家庭，走出了国门，走出了藩篱，见识了最广、最美的风景。

著名的华人女作家亦舒说，女人要人格独立、经济独立，才不会做男人的附庸。一点儿都不假，吕碧城是做到了，她一向特立独行。不过她"素习奢华，挥金甚钜，皆所自储，盖略谙陶朱之学也"。且没有父母荫庇，倘若不能自己赚钱，早已饿死。

吕碧城办女学，目的是争回自主权利，她认为"生材之实握呼女权手"、"若女学不兴，虽通国遍立学堂，如无根之木"，百年过后，今天重温此话，仍然能给人颇多启示。

吕碧城是个十足的思想开放者，加上报社本来就是一个接受新思想的窗口，在如此新旧思想的碰撞之下，吕碧城显然搭上了这趟列车，数月之间，便撰写了《论提倡女学之宗旨》、《敬告中国女同胞》、《兴女权贵有坚忍之志》、《论中国当以遍兴蒙学女学为先务》等文章，宣传女学，宣扬女权。此役一出，已然完胜，吕碧城成为了京津一带瞩目的焦点。

愿侬胁下生双翼，随花飞到天尽头。天尽头，何处有香丘？

这是那时女性生活的清规戒律，她们足不出户，幽居在深闺中或刺绣，或插花。

"愿侬胁下生双翼，随花飞到天尽头。天尽头，何处有香丘？"在大多数女性还是足不出户的时代里，21岁的吕碧城却有了飞向更广阔天空的愿望。这时期,她写了《老马》一诗:"盐车独困感难禁,齿长空怜岁月侵。石径行来蹄响暗,沙滩眠罢水痕深。自知谁市千金骨,终觉难消万里心。回忆一鞭红雨外,骄嘶直入杏花阴。"吕碧城自比受困的千里马,在光阴催迫中感到无比压抑,充满了自由驰骋、一展才华的渴望!

对女性解放、女权独立,吕碧城有自己严格的逻辑推理。

一则,吕碧城将女性视为建设良好家庭与社会的基础:"儿童教育之入手,必以母教为根基。""有贤女而后有贤母,有贤母而后有贤子,古之魁儒俊彦受赐于母教。""民者,国之本也;女者,家之本也。凡人娶妇以成家,即积家以成国。"

二则,吕碧城认为女性解放与国家的民族强盛关系密切,把女性的解放与国家民族的强盛相联系,见解相当独到:"中国自嬴秦立专制之政,行愚民黔首之术,但以民为供其奴隶之用,孰知竟造成萎靡不振之国,转而受异族之压制,且至国事岌岌存亡莫保……而男之于女也,复行专制之权、愚弱之术,但以女为供其玩弄之具,其家道之不克振兴也可知矣。夫君之于民、男之于女,有如辅车唇齿之相依。君之愚弱其民,即以自弱其国也。男之愚弱其女,即以自弱其家也。"

三则,吕碧城认为要实现女性解放必然倡导男女平等:

"殊不知女权之兴,归宿爱国,非释放于礼法之范围,实欲释放其幽囚束缚之虐奴;且非欲其势力胜过男子,实欲使平等自由,得与男子同趋文明教化之途;同习有用之学,同具刚毅之气……合完全之人,以成完全之家,合完全之家以成完全之国。"

四则,吕碧城认为兴女权首先是要开女智:"以改造国民素质为本,培养德智体全面发展的'完全之个人'和'完全之国民';女子应享有与男子一样的受教育的权利;打破女子教育以识字和家政为主的教育清规,以西方教育为蓝本,对女子必须授予全面的教育;女子教育要大胆任用男教师,以提高女子的教育质量;女师的学生,今后不仅做女子学堂的教师,更要做男子的教师……"

历史的进步总会先从某个地方冒出来,19世纪末,中国大地上轰轰烈烈地鼓吹妇女解放的革命运动最先就是从吕碧城那里冒出来的。

她思想之新颖、认识之深刻、行动之果敢、热情之高涨、意志之坚强让她不得不成为一朵奇葩,绚丽于世。就她个人而言,她的人生无疑因为融入了这个历史潮流而显得精彩异常;就那段历史而言,虽然历史可能找出她的替代者,但历史选定了她就选对了人。

正如达尔文的进化论一般，每个个体都是遗传与变异的结果，如此这般，这个生物群体才能得以延续、进化。其实人的思想何尝不是如此？每个个体生下来必定要遵循社会与历史法则，但是他们必定又有自己的个性，有自己的想法。相较而言，吕碧城是那个时代遗传最少、变异最多的一个人。但幸运的是，她是顺应历史潮流的，于是她便走到了芸芸众生的前面，引领着女性走出男权社会，跟男人平起平坐。

当那个时代的女子还在遵循着"女子无才便是德"、"唯小人与女子难养也"的古训时，吕碧城却开始鼓吹裂纲毁常，打破一切封建枷锁，积极参与广泛的社会活动。在当时，她无疑是个异类，但于现在而言，她却是一个走在时代前列的人。

在20世纪的女性心中，似乎自己天生就是那柔弱的藤蔓，如果没有树干做攀附，便无法生存，就算这树干是一根枯枝，也是她们心中的支柱。

不过吕碧城却将这一谬论看得非常透彻，这既跟她早年寒凉的经历有关，又与她过人的聪慧相连。吕碧城不需要依附任何树干，因为她自己早已成长为一棵葱郁笔挺的大树了。

时代在变革，吕碧城永远站立在时代的潮头，而不做盲目的追随者，她曾与秋瑾相遇相知，但当秋瑾劝她投身革命时，她断然拒绝。在原则上能大义凛然，在友情上则惺惺相惜！这便是吕碧城。

明末清初，欧风东渐，亚雨方新，当时的女性为追求个性解放，一直追求一种愉悦的心志，追求健康的生活情趣。这些人的身影不断出现在各种社交场合，她们广交各种社会名流，女性的聪明和才华被她们发挥得淋漓尽致。

女翻译家陈鸿璧、女教育家张默君、女文学家吴芝瑛、女画家杨令茀等都是这些新女性中的点点亮星，她们高举解放女性大旗，在社会舞台上崭露头角，不仅让所有女同胞羡艳，就算是男士也对她们刮目相看。

而吕碧城就像当时这些亮星中的一轮圆月，点点星星围绕着她，让她光彩万分。吕碧城的社交人脉颇广，樊增祥、易顺鼎、严复、袁寒云、廉泉、英敛之、傅增湘、李经羲、陈洯、费树蔚、金天羽、杨圻等众多名人志士都跟她交往甚密。他们之间或纵论时事，或切磋学问，或诗酒唱和。

有人将吕碧城比作《红楼梦》中的史湘云，她们皆不拘礼法，放诞风流。世人对吕碧城印象最深的是她落入舞池时的姿态："履舄交错相捉搦，回风流雪成婆娑。燕尾双分乌衣窄，

第二章 芳名远播——津门花艳开

凤翎斜展华裙拖。微闻碎佩鸣玉珂，更见浅笑生梨涡。"那时候，舞蹈多被认为是倡优之技，为良家妇女所不齿，吕碧城能如此突破，将优雅迷人的舞姿展示给世人，不得不视之为一种勇气与决绝。

吕碧城似乎一点儿都没有女子的柔弱，至少在性情上是如此，她最敬佩的人是唐传奇中的女侠聂隐娘，此人武艺高强，身轻如燕，她能用"凌波微步寒生易水"将那些贻害当世的贼吏豪强惩处。吕碧城希望如花木兰一般能在沙场上建功立业，虽不能如此，她也将自己的一腔热血化作笔下的波澜壮阔。好一个鹤立在深闺女子中的巾帼女侠！

人的一生可以燃烧，也可以毁灭；可以飞翔，当然也可以静静地让时光磨灭，吕碧城希望能飞翔、能燃烧，不过就算是毁灭她，也是不甘心老死深闺中的。就因为跟舅舅吵一架，吕碧城便离家出走，在那个清末民初的几大才女中，张爱玲、萧红都曾出走过，不过出走最成功的唯有吕碧城。

吕碧城心中一直有股不泯的侠气，她曾拍摄过《求己图》，这不正是她"求人不如求己"的心性的写照吗？她的人生并不顺畅，不过她始终能如霜雪幽兰般"不因清苦减芬芳"，一次次超越自己的人生困境。她善于在理想与现实的博弈中抓住难得的机缘,并走上难能可贵的自主之路。

当时,也只有舞蹈最能表现吕碧城超脱的一面,因为那是一个舞台,谁人都可以在上面展示自己,谁人都可以无拘无束地放开舒展自己。你既能随着节奏翩翩起舞,又能无所顾忌,让自己的个性得到最大张扬,那种无拘与无束的畅快,那种酣畅淋漓的感觉只有深入舞池的人才会懂得。

谁人又不爱舞池中的感觉呢?如旋风般融入其中,自由自在,彻底摆脱身心的一切枷锁,自己完成最大的张扬。只不过,有人看见周围的人都没有下去,尽管自己跃跃欲试,还是挪动不了双腿。

作为个人,吕碧城无疑是追求妇女解放历史上的引领者,她散发着一股特有的阳刚之气:她乐善好施,尽其所能赈济灾民;她疾恶如仇,讨伐旧势力,鼓吹新民主。她又有一种仅有的阴柔之美:她异常爱美,时常身着华服,招摇过市;她委婉生动,赋诗作词,辞藻华赡。不过正是这种特有的阴柔与阳刚的完美结合,让妇女重新展现在世人面前,并为得到跟男人相媲美的地位创造了条件。

吕碧城最大的资本源于她的才华,虽然前有古人,却后不见来者,她成了名副其实的 300 年来最后一位女词人。她的父

第二章 芳名远播——津门花艳开

亲吕凤岐藏书无数，使得吕碧城从小便熟读诗书，擅长丹青，娴熟音律，精通治印，如此才华，几人能敌！

早年，她的母亲被叔父们陷害，落入土匪之手，小小的吕碧城几番手段，竟然将母亲解救出来，轰动一时。原本跟她订婚的汪家，觉得如此年纪的姑娘便能呼风唤雨，以后如何掌控，便退了婚。

在那个时代，男人最需要的便是女人的柔软，吕碧城哪有这番心性，于是她便付出了被退婚的代价。

无论从哪方面而言，吕碧城都是一个美女，不过她如此美，还需要灵魂吗？仅靠面容不就能在一片天地挥斥方遒了吗？

不过吕碧城可不甘只消费自己的身体，她要让自己的灵魂更有价值。她自强、自立、开放、豁达。虽然她思想与美貌兼具，赢得了不少名门公子的垂青，但她的情感人生似乎在汪家退婚的那一次便被奠定了基调：她气势笃定，气场坚硬，一开始尚有不少男人或因好奇，或因崇拜，聚集在她周围，不过慢慢地都各自散去了，剩下她茕茕孑立一人，好不悲怜！

同样是思想充实，同样是灵魂饱满，男人便能从容潇洒，受尽尊崇；女子则孤独寂寞，无人来喝，这不是吕碧城能改变得了的，于是她被命运给捉弄了。

是吕碧城不懂世俗定律吗？不是，如羊羔般投入到男人的怀抱生活，已然成为世人艳羡的一种美满爱情。不过吕碧城却做不到，她不肯向世俗低头，也不愿让自己低头。或许她心中也无数次斗争过要不要扑入一个男人的怀抱，但终究她还是遵从了自己的内心而非世俗。如此一来，注定她的爱情底色苍凉、虚幻。

不过吕碧城将这种情感空当期很好地利用了，她的才华跟寂寞成正比，别人花前月下，她孤身一人；别人无才有德，她才华横溢。

不过谁都拧不过时代，那个时代有个阮玲玉，她跌落在一段又一段的情事中无法自拔，最终被男人掌控，无奈地沦陷、颓废，走上了绝路。

吕碧城固然比阮玲玉聪明，她懂得情事不忍碰触，俗事不忍琢磨，不过她终究也没能逃离那寒凉的结局。就算她没有陷入男尊女卑的社会怪圈，没有跌进俗世的烟火，不过那又能怎样呢？

正是如此，在当时，大多数女子早早地就关闭了自己的向往，龟缩在宿命的躯壳中，任凭流年匆匆。不过流年正是无情物，它所到之处，必定花瓣飘落，容颜凋零。

第二章　芳名远播——津门花艳开

那是一个风雨如盘的时代，吕碧城只身一人在里面冲锋陷阵，不是她多么英勇，只是她不忍看见二万万女同胞在其中痛苦挣扎后亟待新生。幸好年轻时的她历经各种艰辛与社会磨炼，让她练就了一颗独立之心，一颗开明之心。从这个程度上而言，吕碧城的人生道路已然给予了那段历史，那段妇女个性解放的历史。

吕碧城等人的辛劳终究没有白费，1904年11月7日，天津公立女学堂正式开学，这也算是对那些为这个学校出谋划策的人一些安慰吧。尽管上海的经正女学堂在1989年就创立了，但是相较而言，它的性质只能算得上是一个"家塾"学堂而已，没法跟天津公立女学堂相比。吕碧城当时名噪一时，甚至有南杜著名诗人陈庚白暗自前往学校窥视其风采。

学校最后定名为"北洋女子公学"，这便遂了英敛之、吕碧城办私学的心愿，不过它实际上仍然是一所贵族女子学校，入学的多是官宦、富商的小姐，个中原因，吕碧城是最明白的：虽有了女子学校，但大部分人"仍守旧习，观望不前"。

一般民众对此新鲜事物，大多出于好奇，却不敢触碰，可见封建思想毒害之深，就这点，傅增湘要比吕碧城早看得透彻得多。

吕碧城又一次走到了俗民大众前面，幸好她走的是未来的正道，否则像她这么聪明的人就危险了。思想超前的人，不被理解，被误解，是常有之事。能够安慰他们的，就是后来者对他们的首肯了，虽然有点儿晚，不过也算是历史的公正了。

无论从哪方面来说，人都是个复合体，有积极阳光的一面，也有消退阴暗的一面。提起袁世凯，我们知道的多是他的卖国行径，而对他支持女学、废除科举则少有人知。

袁世凯曾红极一时，总理全民高、中、低各级教育，尤其提倡女学。当然，如此之人，在底下溜须拍马者不知其众几何，不过吕碧城却是一个例外，她让袁世凯一见倾心。当然，让他倾心的不是世俗中想当然的男女模糊关系，而是吕碧城过人的才华。

虽然袁世凯在某些方面也有圈点，但他终究是个遗老遗少，一心做着皇帝梦。历史岂能任由个人倒行逆施，袁世凯的屁股还没有坐热皇位就被推翻了。

袁世凯的倒下成就了一个人也倒霉了一个人，成就的人是秋瑾，因为秋瑾一向主张民主，积极讨伐袁世凯；倒霉的人是吕碧城，谁让她一直跟袁世凯走得那样近呢？于是各种不怀好意的猜测、世人的恶语污蔑蜂拥而来。

趋炎附势、人走茶凉、痛打落水狗似乎是某些人最擅长的，吕碧城也没能逃离这种世俗定律，遭受着各种误解与非议，心灰意冷，远走他乡，最后还遁入空门，郁郁而终。

袁世凯是个颇具长远眼光的人，他曾让卢木斋东渡日本考察工商实业和教育，吕碧城一同随行。不过她对日本的印象极坏，从那以后再也没有踏上过这片土地。这或许跟吕碧城的性情有关，试想，一个性情耿介、胸怀坦荡之人怎么能容忍自己的国家受他国欺凌，还要向别人寻求强国之道呢？

1908年，吕碧城被傅增湘提名，出任女子师范学堂监督，时年23岁。她有感于中国女子教育落后，尤以北方风气未开为甚。在创办北洋女子公学的同时，吕碧城还协助创办了天津河东女子学堂，专门收纳贫困子女，天津女子教育顺势迅猛发展起来，北洋女子公学的开风气之先的作用功不可没。

人生一世，几十年光景而已，与之熟悉、与之擦肩而过者太多太多，不过能影响一生的却只有区区几个而已，严复就是吕碧城生命中不多的影响她一生的人。

严复，京师大学堂监督，学富五车，学贯中西，吕碧城对他甚是仰慕，极其想拜在他门下。严复在看到吕碧城的诗文之后，对她的才华和见识很是赏识。真是英雄见英雄，惺惺相惜，在英敛之的介绍下，吕碧城拜严复为师，学习"名学"。

严复对于吕碧城甚是了解，他理解她在新旧两种文化圈中遭遇的种种尴尬，他对吕碧城身怀同情："初出山，阅历甚浅，时露头角，以此为时论所推，然礼法之士嫉之如仇……即于女界，每初为好友，后为仇敌，此缘其得名大盛，占人面子之故。往往起先议论，听着大以为然，后来反目，则云碧城常作如此不经议论，以诟病之。其处世之苦如此。"

不过严复跟吕碧城，两人在乎的却不在同一方面，吕碧城结识严复多是被他的学识吸引；严复却多次建议吕碧城不必过于工于学问，而应早早嫁人。不过吕碧城却能矢志不渝，独立自强，这让严复佩服不已。

能够拜在自己钦慕之人门下，是古今多少文人志士的心结，不过能在拜门之后仍坚守那份独立、那份执著，这样的人却是凤毛麟角。吕碧城没有因为崇拜严复而听从他早嫁人的建议，而是继续坚守自己，这不得不让人钦佩。

人以类聚，物以群分，你若接触了一个人，你便了解了一类人，也便通过他了解了某个陌生的世界，这便是交友的妙处。吕碧城正是通过严复窥见了西方的文明，心生强烈的好奇心和求知欲。

当时，严复因为公事，常常游历于欧洲各国，回国后每每跟人提起西方的情形，吕碧城便好奇不已。在帮助严复翻译《名学浅释》时，吕碧城一方面提升了自己的英语水平，另一方面见识了西方文明。她本来就为周围的人与事而烦扰，她不齿于跟那些因循守旧、碌碌无为之辈为伍，不过在当时的中国，也没有她理想的去处。

严复为吕碧城打开了另一个理想之境，对她这样才高八斗、年轻气盛的人而言，一旦心中有了桃花源，便是一刻也待不住的。她托严复为她办公费留学，不过当时赶巧慈禧太后去世，便没能如愿。吕碧城不会轻易放弃，几年之后，她终于得以游历欧美，遂了心愿。

历史不能假设，但历史故事的多姿多彩又不忍让人假设，假如吕碧城没有遇见严复，后面还会有什么故事呢？不得而知。不过可以肯定的是，吕碧城通过严复认识了一个新世界，进到了一个她理想中的地方，对她一生影响莫大。

大千世界，滚滚红尘，认识一个正确的人很难，遇上便是缘分，错过十足可惜。两个不同生命轨迹的人交会在一点，蓦然发现对方的世界，或许那就是你在生命中寻求已久的那个桃花源。

Ⅲ / 友情怨

相较于在事业上的成功,吕碧城在人际关系的处理上要逊色得多,她个性极强,喜欢自作主张,且固执己见,不懂得退让与圆滑,慢慢地便与傅增湘、英敛之产生了矛盾。

吕碧城跟英敛之相识、相知,英敛之算得上是她这一生不可少的贵人跟朋友,不过二人终究还是不欢而散,不可谓不是一件憾事。

其实他们二人在生活小事上绝无什么纠葛,也就谈不上分歧了,最大的分歧在于两个人的理念在后来越来越出现分化,虽然双方竭力避免分裂,不过事实已经证明他们不得不分裂了。

吕碧城跟英敛之相识、相知虽有某种关系在里面,不过英敛之对吕碧城才华的钦佩、吕碧城对英敛之的知遇之恩是最主要的原因，否则也只能是走过场而已，断然是不能深交的。

吕碧城跟英敛之的关系要好，一来因为他曾在自己最飘零的时候收留自己，二来因为他在自己最无助时给了精神上的鼓励。患难之间见真情，一点儿都不假，这份情谊，也更值得记忆、珍藏。

因为志趣相投聚合在一起，又因为志趣相异而分裂，这或许便是他们有些遗憾的友情历程吧。不过这种分裂虽显遗憾，但却彰显了彼此的真实，还原了众人对时局的彷徨，归根结底，能怪的，或许只能怪那个时代了。

有人天性好动，有人骨子里就很安静，动静本身无所谓优与劣，与人相宜最好。不要试图去改变一个人，就算改变过来了，他也会在适当的时机"春风吹又生"。

吕碧城是一个动静皆宜的人，在白天，在社交场合，她喧哗热烈；在晚上，在私人空间，她则静若处子。倘若让她改变了自己，虽然她还是她，对我们而言，她既熟悉又陌生。

吕碧城跟英敛之的矛盾最主要的一方面在于对清廷的态度，吕碧城虽然不是激进的革命派，但她对清廷从无好感；英敛之虽然也看透了清政府的腐败无能，但终因自己是满族人，所以只是提出激烈的批评，希望当局改革弊政，而不是想要革掉清政府的命。

1917年，吕碧城游览颐和园之时，看见到处悬挂慈禧太后的画像，而中国的大量疆土却被人割占，几乎亡国，于是她就写了一阕《百字令》，讥讽慈禧太后甚至不如"汉雉唐鹉"。

吕碧城跟英敛之的矛盾另一方面主要体现在对日本的态度之上。英敛之认为中国贫穷落后，应向日本学习，1905年，英敛之从日本考察归来，他呼吁："中日两国诚有唇齿辅车之势，合之两美，离之则伤。"主张中日联盟，则可以安于无事。虽然英敛之的忠心不可怀疑，不过其言论确实愚钝之极，这或许也是因为当时的人的政治观念幼稚，不可责怪一人。吕碧城似乎天生痛恨日本，对英敛之的看法不敢苟同，或许是她更多地记恨于日本对中国的欺凌罢了。

现在回首看去，无论是英敛之还是吕碧城，无所谓对错，他们的心始终都怀有善念，这是最重要的。时局难料，或许一切在后世者看来皆明朗无比，不过身在彼时，想要摒弃一些杂念，清醒、理智地待之，谈何容易？

英敛之跟吕碧城的隔膜还是跟他们的背景极其相关的，吕碧城不仅国学功底扎实，还接触了不少西方新文化，可谓是学贯中西。特别是她对诗词格律的造诣，岂非一般人能敌？英敛

第二章 芳名远播——津门花艳开

之虽也算得是个名人，不过他却是半路出家，跟吕碧城相比，只是一种技艺的运用罢了。

因为吕碧城对中西学问都有所涉猎，所以她的论点常常较为开放；而英敛之基本受到儒家学说的教化，在思想上仍属比较守旧的，这样一来，他们在一些问题上的看法有所区别也就不足为奇了。

诡秘的是，吕碧城是英敛之发现的，他对吕碧城有知遇之恩，不管如何，总会在心中有一种前辈心理；而吕碧城虽然是靠英敛之提拔出众的，但她却不谙世事法则，常有肆无忌惮之举，这不免冲撞了英敛之等前辈，而她却全然不知不觉。

都说文人相亲，慢慢地，这种奇怪的气氛就会弥漫在他们中间，矛盾不爆发都难，不过恰恰因为是文人，彼此不会将其拿到桌面对决，而是将其积累在心里，任由它繁盛，最后淹没了原本的心田。

世人都说英敛之小气，其实吕碧城又何尝不是一个社交中的矮人呢？人有一个误区，常常会因人的才华而忽视其社交能力，其实古往今来，又有谁能逃离社会的藩篱呢？一个连社会都无法处理好的人，不能算得上是一个最聪明者。不过人恰好有一种缺憾，或者正是缺憾才是美，那又另当别论了。

才华如吕碧城一样的女子终究难以与世俗融合，不是她们不懂世事法则，只是她们过于自信，自信可以突破这种法则，自信能够逆流而动，不过事实证明，这决不是一个明智的选择，尽管她们激起的水花在历史的长河中颇有姿态，不过其中的苦楚却难为外人道。

在穿戴打扮上，吕碧城受新风气的影响，追求新潮，常被人指责为"奢华"，这也常常受到英敛之的指责。其实这都跟他们两人的家庭生长环境有关，吕碧城虽然早年经历过漂泊，但她毕竟是上层官僚出身，那种特有的傲气没有磨灭，英敛之虽然也算得上是社会名流了，但他出身平民，那种朴素之气质是无法彻底去除的。

1908年，英敛之在《大公报》载文，对招摇打扮进行了批判："招摇过市，不东不西，不中不外，那一种娇艳的样子，叫人看着不耐看。"吕碧城以为是在讥讽自己，以她的性格岂能善罢甘休？便在《津报》上发文反击。后来两人还直接书信辩论，他们二人累积起来的情意也就慢慢地在这中间消解掉了。

平心而论，吕碧城的学识见解固然在英敛之之上，不过好歹他是曾经提携过自己的前辈，就算是对其见解颇有微词，也必定应保持一份尊重。不过，孤高、直率和敏感的吕碧城却没有学会这一份人情世故，于是在此受挫便是情理之中的了。

其实能在生活中找到与自己真正志趣相投的人又何尝是件易事？人生中，多的是萍水相逢，多的是一时一地的情意，俞伯牙和钟子期的高山流水也只能是一时的情感的共振，若要一直下去，恐怕没有人的心弦能承受。

英敛之与吕碧城起隔阂，不怪他们本人，这只是一种俗世定律在这里起作用而已，不要以为它俗，谁又能够逃脱这种俗气呢？不信，你回首看看自己走过的路，又有多少是完全脱离了它的牵连？又有多少全然在它的掌控之中？如果有吃惊的发现，也不要吃惊罢了，因为大家都如此，只不过是程度的不同罢了。

不久，辛亥革命爆发，清帝退位，吕碧城为民国出世而欢呼、喜悦，诅咒那封建帝制一去不返；然而英敛之对袁世凯却没有丝毫好感，这或许是他夺取了自己民族的帝位罢了。

虽然两人对时局又一次分道扬镳，不过这次却没有正面交锋，只是在各自的领地隔空喊话而已。随着《大公报》对共和颇有微词，且有亲日倾向，已与主流思想渐行渐远，英敛之在

1916年9月将报纸倒给了王治隆，自己回到北京隐居，自号"万松野人"。

英敛之与吕碧城的情意是不能因某事而断然无存的，在远离了喧嚣尘世之后，几多沉寂，英敛之或许参透了凡世种种，1917年写信给吕碧城，劝她"生命之脆薄，又诚泡之不可把玩……万事尽付悠悠，所惓惓不能去怀者，唯故人参政之一大事。"其实早在前一年，吕碧城经过香山时就曾拜访过英敛之，此时的她已经遁入佛门，也便是英敛之所言的"参政大事"。

从一点出发，转过一大圈，又回到起点，这便是人生的奇妙之处。英敛之与吕碧城因为某种志趣相识、相知，却又因对时局的认知偏误而分道扬镳，经历世事沉浮，几多变换之后，两人竟然在"参政大事"上灵魂再次相遇，也算得上是冥冥之中的一种既定罢了。

英敛之与吕碧城就友情而言，是没有修成正果，今日看来，吕碧城似乎更应负主要责任。毕竟，在最困苦的时候，英敛之帮助了她；她的成功成名也少不了英敛之的提携。不过世事变化，每个人都有自己的过去，亦有自己的未来，这两段都是不可预料的，只有现在是表面上可以把控的，其实哪有那么容易呢？如果说是他们自己将这段难得的友情断掉，还不如说是世事不容他们的友情继续呢，这也算是对这段没有结局的悲怆友情的最好纪念吧。

吕碧城是一个思想开放者，对于儒家那些礼法纲常，她本会不屑一顾，然而外界的纷扰评价却让她很是在意，这并不是因为她放不开，而是她有太过强烈的自尊心。

因为思想上的分歧，吕碧城慢慢地跟英敛之、傅增湘等师友渐行渐远，各种缘由，虽外界几多猜度，但有几分命中，不得而知。然而可以肯定的是，这种感情的淡漠已让吕碧城很是痛心。

纳兰性德曾说："人到情多情转薄。"这倒不是说多情之后必然是无情，而是说人最难接受亲近者的别离，有物理的隔离，也有心灵的隔离。吕碧城无疑是个敏感而又多情者，她与英敛之、傅增湘的远离便是最好的明证。其实就算是父母，虽对孩子有养育之恩，却无权左右孩子的信仰和道路选择，何况是师友呢？

芸芸众生，能够一路同行者，必然不是相互掣肘的人，否则既伤了别人，也拖累了自己。就算是最初的同行者，也可能在后面的征程中发生阻碍，谁又能保证不是呢？知遇之恩，便要求终身俯首以报，这无非是封建腐朽观念在作祟，怪不得世人，该责怪的是那个时代，该做的是启蒙那个时代，这不正是吕碧城的所作所为吗？

第三章

一庭幽怨
——燃烧的爱与痛

I / 碧城，碧城

跟吕碧城相交的人中，不得不提的还有秋瑾。

吕碧城与"鉴湖女侠"秋瑾交情莫逆，她们共同倡导女权，还曾与秋瑾同榻而眠，不过她们窃窃私语的并非男女之情，而多是国运民脉之事。她们心同一声：流俗待看除旧弊，深闺有愿作新民。

不知是否处于仰慕，秋瑾也号"碧城"，这还让吕碧城的不少作品被人误以为出自秋瑾之手。秋瑾也是知趣之人，便"慨然取消其号"。

秋瑾认识吕碧城之前，"碧城"已在天津颇有名气。

秋瑾的名气实则是"无心之举"，当时她的丈夫在北京清廷任职，秋瑾也算是公务员家属，或许因为收入尚可，她便没有了衣食之忧，无事便读书、写诗、练字。偶然的机会，她结识了丈夫同事的妻子吴芝瑛，在吴芝瑛的家中做客时，接触到了大量进步书刊，原本一个单纯的全职太太就被革命的思想牵走了。

秋瑾似乎找到了适合自己的舞台，她变得越来越有激情，加上人漂亮又豪爽，她在文人圈中慢慢有了名气，自己也常以"碧城"为号赋诗作词。偶然的机会，秋瑾在《大公报》上见识了另一个"碧城"的大作，顿时震惊，不多久便加入她的"粉丝"之列。

1904年，秋瑾决意东渡日本留学，顺便去了《大公报》拜访偶像吕碧城。

秋瑾与吕碧城的首次相见，出乎了彼此的意外。吕碧城初见秋瑾：头梳女人发髻，身披男人长袍马褂，甚是风流倜傥；秋瑾初见吕碧城：如此年轻，如此漂亮，让自己啧啧称奇。

人与人之间相遇的情形颇有意思，从陌生到熟悉，那一刹那成了多少文学作品中最能拨人心弦的一幕，成了多少影视作品拿来赚取眼泪的经典镜头。有人在相遇之前早已神交，他们或许通过文字交流过，或许根据传说了解过，此时彼此都会在心中想象另一个他，不过想象与现实的差距是常有之事。

有人在相遇之前，彼此一无所知，或因种种缘由两人相识，不过这种一点儿准备都没有的相识相反倒显得要平静得多。秋瑾跟吕碧城的相遇显然属于前一种，虽然她们彼此在心中无数次地模拟过对方，但真正相见的一刹那，跟心中的那个她还是相去甚远的。

秋瑾与吕碧城显然有相见恨晚的感觉，不然她们怎能当晚便同宿一屋，彻夜长谈，直至天明？她们具体所言内容，我们不得而知，不过可以推断的是，秋瑾必然想要将自己的革命主张推销给吕碧城，而吕碧城则欲将自己的改良和立宪说服秋瑾，显然两人的立场有距离，两人皆属有主见的人，如此一来，她们只能以在天明友好地分手为结局了。

秋瑾在东渡日本后，曾给吕碧城去过两封信，吕碧城将其刊发在《大公报》上，不过从此之后，两人便断绝了联系。其实这也在意料之中，因为那时的她们无论是在思想上还是在行动上都已经南辕北辙了：秋瑾忙于革命，碧城则遁入佛门。1907年，秋瑾回国后，两人又有机会重续情谊，吕碧城还为秋瑾的《女报》撰写发刊词，不过后来查证却署名"秋瑾"，是吕碧城忆错还是秋瑾篡改名字，不得而知。不过两位才女的交往似乎一直不温不火，难有故事流传于世。

不过让人寻味的是，两人皆精通诗词韵律，却鲜见二人唱和，究其原因，大概是彼此都有些忌惮对方的才华寒光吧，正确与否，不得而知，毕竟这是我们按照凡俗定律进行的无端猜度而已。

后来，秋瑾因参与安庆暴乱被捕遇害，吕碧城得知此消息之后，便使用英文写了《革命女侠秋瑾传》，发表于美国各地报纸，一方面，她表示了对秋瑾遇害的悲伤，毕竟两人相识相知过；另一方面，她又表现出了对秋瑾的不解，不解她为何如此激奋。

男人跟男人是容易成为真正的朋友的，早在很多年前就已经被俞伯牙跟钟子期给证明了。然而，女人与女人则很难得有真正的友情，是女人缺乏真情实意吗？不是，怪就怪在女人太过脆弱，她们经不起流言、误会和其他的颠簸。

如此一个漂亮、豪气，既有才气又有胆识的女子就这样香销玉殒，还是让吕碧城徒增了不少人生的虚幻感。

聚散，人生中最常见的场景，不过每个人都喜欢在分离的时候说永远，永远能有多远呢？不得而知，可以知道的是那句俗语"天下没有不散之筵席"，看来从来就没有真正的永远。

就算是分离，幸运的是很多人愿意去等，等下一次的再聚首，并且有人一等就是几十年，甚至是一辈子。其实并不是所有的离别都会再聚首，生活中，有的离别就是诀别，一旦分开，便成隔世。

心中积郁，想要找人倾诉，结果翻遍电话本，却找不出最合适的人来，就算找到一个认为基本可以的人，接通电话，也是草草聊了几句便挂断了，因为那份情感根本无法共鸣。

其实，人们如何不想找一个完全不设防的朋友啊，志趣相同，性格互补。你需要听安慰的话，他的声音会出现在你的耳边。你需要帮助的时候，他会准时伸出一只手来。就算是认识了很多年，彼此见面还跟第一天认识那样新鲜、兴奋！

又有哪一个人不需要这样的朋友呢？就算他是最孤僻的人。然而，为什么我们就寂寞成这个样子了呢？

II / 生命的真谛

英敛之与吕碧城相识如故,情谊不可谓不深,然而岁月已经在他们心间竖起一扇透明的玻璃,看不见,却能真实感觉它的存在。

俗话说"天下没有不散之筵席",说的是筵席之前,是一种期待,就算那种期待有些漫长,其实何尝不是一种幸福呢?有人甚至用一生的时间去期待;筵席时,多的是享用,就算是有酸甜苦辣,其实又何尝不是一种生活最真的味道呢?有人甚至就喜欢吃酸尝苦,不过这一切终有散掉的一天,因为生活除了期待、享用,还有它更多的方面。

生活中有相逢、相知,也有离别、相怨,不管你愿意不愿意,生活一直都如此。

英敛之，一个基督徒，固然虔诚、理性，不过这却改变不了他是性情中人的属性，涉及原则问题，他决不含糊，决不苟同；吕碧城，一个才女，永远坚持自己的人生理想、信念，两人循着各自的理念渐行渐远，也属正常。

毕竟两人相识、相知过，一遭分离，吕碧城心中的那份孤独、彷徨和苦恼便暴露出来，甚是伤感。

1915年，吕碧城或许看透了官场的尔虞我诈、损公肥私，她毅然辞去总统府秘书一职，与政界脱离干系。

民国时期，女子参政被视为一件时髦之事，不仅对女子本身是一种荣耀，对接纳女子的部门亦是一种最好的光耀，毕竟那时对女性的看法还过于保守。

正是这个原因，吕碧城离开政坛之后仍不停有当权者邀请她出山，不过其用意多在点缀、宣传上，至于她的才华，大都是忽略不计的。吕碧城何其聪明，她当然是不愿意做一个花瓶当做摆设的，便一概拒绝。

多少人年轻之时，将读书报国作为自己人生的理想与信条，他们以能出任一官半职为一种荣耀，尽管在物质利益上，这并非是最好的选择。

不过真正进入官场，窥见了多少不可示人的方方面面，领

第三章 一庭幽怨——燃烧的爱与痛

会了多少无须言说的规矩规则。多年之后，蓦然回首，发现自己身上模式化的印记越来越多，属于自己的本真却越来越少，倘若还有最后的力气，便要挣脱出来，好好地让自己回到最初，吕碧城显然就是一个挣脱成功者。

此种情结，在中国士大夫中由来已久，我们可以从那些诗词中窥见一斑。

王维在《清溪》里有"我心素已闲，清川澹如此。请留盘石上，垂钓将已矣。"

元结在《贼退示官吏并序》中有"思欲委符节，引竿自刺船。将家就鱼麦，归老江湖边。"

綦毋潜在《春泛若耶溪》中有"生事且弥漫，愿为持竿叟。"

岑参在《与高适薛据登慈恩寺浮图》中有"誓将挂冠去，觉道资无穷。"

韦应物在《东郊》中有"终罢斯结庐，慕陶真可庶。"

李颀在《送陈章甫》中更是明确地说"闻道故林相识多，罢官昨日今如何。"

如此千年绝唱，一直不绝于耳！

事业不得志、爱情不中意、家事国事接踵扰闹，让吕碧城原本亢奋的心渐渐柔静下来,在长长的忧思中,开始思虑人生的终极归属问题,慢慢地,她靠近了宗教。

一说宗教是人对诸多自然现象无法得到合理解释而杜撰的世界,如此说来,便将宗教那份神秘、深奥压得极其扁平。与其坚信这样一个所谓科学的结论,还不如说宗教源于人对诸多社会生活无法全然适应而产生的终极人生探寻。不是吗?又有哪一个宗教大师不是大智慧者?又有哪一个宗教长者不是经历了红尘种种呢?

虽然宗教讲求苦求勤悟,但那份慧根是必需的,吕碧城便无意中透露了自己的慧根。

一次,吕碧城跟友人朱建霞一起去看人扶乩。之前,吕碧城对此并无半点儿信任,不过现场看到赋诗一首:"江上谁家玉笛声,绿波如镜月华清。似闻天际仙人过,半拥朱霞出碧城。"如此之巧,一首诗将她们两人的名字都包括了进去。尽管此事让人生疑的成分很大,不过吕碧城似乎竟然被拨动了慧根,不然她怎么会发出"小隔蓬莱亿万年,飞花弹指悟春玄。瑶池旧侣如相忆,乞向愁城度嫡仙"之感呢?

1916年,吕碧城正式向陈撄宁道长探求道家玄理。

陈撄宁何许人也?他从小便接受良好的私塾教育,儒学根基深厚，15岁便游名山寻师访友，步入了"学仙"之域。他眼中的"仙人"并非是那种遥不可及的空虚之物，而是"精神与物质混合团结锻炼而成的长生者"，只有动静合一，归返自然，才能练成如此"仙学"。

吕碧城的聪颖、灵慧加上强烈的求知欲，让陈撄宁将其看成是传扬女丹道学的最佳人选，为此他在吕碧城身上倾注了全部的心血。

道家讲求男女双修说，陈撄宁与吕碧城间的道缘便脱离，甚至是淡忘了性别。不过对男女共炼女丹后会成为必然的伴侣关系，吕碧城最终还是没有能够通融，这便是她为什么没能炼成女丹，最终皈依了佛门的缘故。

为此她在诗中如此表态：

妙谛初聆苦未详，异同坚白费评量。辩才自悔聪明误，乞向红闺怨猖狂！

一著尘根百事哀，虚明有境任归来。万红旖旎春如海，自觉轻裾首不回。

尽管我们不得而知"尘根"为何，但吕碧城决意放弃道学，已然明显不过。

陈撄宁希望她能回头，便和诗一首：

蒙庄玄理两端详，班史才华入斗量。莫怪词锋惊欲耳，仙家风度本清狂。

翠羽明珠往事哀，化身应自蕊宫来。天花散后空成色，云在青霄鹤未回。

不过吕碧城的别离之心已然明显、坚定，陈撄宁也只能深表遗憾了。

失去如此一个能跟自己志同道合者，陈撄宁常年难以忘怀，在14年后得知吕碧城皈依佛门，在写给朋友的信中，陈撄宁提道："当日吕女士对于道学是无所得，若果有所得者，后来必不致而学佛。"这种念想，竟然在十多年之后还能如此清晰、浓烈，个中情意，旁人或许不得而知。

中年的吕碧城，通过经商获得了丰厚的资产，就物质而言，她无疑是一个充实的人。马斯洛曾有论：低级需求得以满足，人便能追求高层次需求。吕碧城的追求似乎必然从物质转为精神。

第三章 一庭幽怨——燃烧的爱与痛

她偶然遇见了佛教，又或许这种相遇是前世修来的缘，其实不管是谁遇上了谁，最要紧的是佛教教义跟她对苦难与死亡的认识产生了共鸣。她一直在和苦难斗争，虽然更多的时候我们看不见，佛教的教义成了她最得意的武器，就这样不知不觉间，她对苦难竟然依恋和渴望起来。

惘惘的威胁，我们不也在生活中常常感受到吗？虽然现在已不是乱世，也没有战争，哪里来的威胁呢？难道你就没有在睡梦中惊坐而起，郁郁地望着窗外黑沉沉的天空过？你就没有陡然而生一种生活的恐惧感，觉得前途渺茫过？

生活就像是在一条黑暗的甬道中行走，虽然你能想着出口处的光明，或许你还提着摇曳的灯笼，但那颗胆怯而又敏感的心却是天然存在的。这颗心在吕碧城年幼的时候就已经种下了。

尽管吕碧城后半生多次企图循着宗教寻求生命的真谛，她也是一个至诚至忠者，但无论何时，她那自主自立的心性都没有改变过，对陈撄宁，她固然是崇拜、倚仗，不过她并非是一个盲从者，遇到疑问便要求证。

红尘滚滚，痴痴情深，有一半清醒，有一半醉，世俗烟火会将一些人"熏"成皮笑肉不笑，不管你是贩夫走卒还是帝王将相都难逃此劫，不同的只是你的表现方式不一样而已。人心是脆弱的，它经不起世俗这样的烟熏火燎，早早地就变色了；人心又是最坚韧的，虽然它已由赤红变成焦黄，但那只是表面，它的深处永远保持着那份天然的颜色，这也是无论我们在喧闹中多么圆滑，多么世故，到了书屋，到了深夜，总会有一些莫名的无聊与无助感的原因。

有的东西是你一生无法选择的，譬如你的出生地、你的性别、你的父母、你的家庭……如此一来，你要学会的便是接受，因为无论你如何不情愿，如何反抗，那都是既定事实。

我们能改变的，只是我们出生后的一些境遇而已，所以人生就是在定与不定之间徘徊，而聪明的人懂得适时地转换，该接受的时候接受，该努力的时候努力，但不是每个人都想做个聪明人的。

第四章

芳踪隐去
——悄然的脚步

I / 悠悠国事

吕碧城长着一张瓜子脸和一副细薄的五官,再配上那双远眺远山的渺茫眼神,那种冷清孤傲的气质就呼之欲出了。尽管跟吕碧城同属民国的女艺术家也在少数,但唯有吕碧城能给后人留下清晰的面孔,这跟她那特有的面相不无关系。

在那个混沌的时代,要做一个如吕碧城一样的"有型女"何其之难?就外在而言,她奇装异服,周游欧美;就内心而言,她保护动物,潜心学佛,哪一样她都必定做得兢兢业业、美轮美奂。不过如此有型的女子,既不适合做妻子,又不适合做情妇,不过至少她的传奇故事应该流传后世。

只可惜,她生活在一个动荡的时代,她在后人脑海中的影响时而清晰,时而模糊,一直飘荡着……不过我们还是应该让

第四章 芳踪隐去——悄然的脚步

脑海中的吕碧城的形象更加清晰,因为如果不知道百年前的丰丽,就一定不会感受到今日身处的是何等苍白而贫瘠的一个浊世。

我们心中的美女,一定是那个端坐在云端,且有一副遗世的安静和优雅。这种美女形象已经完全超出了生理反应的范畴,而是她会在你任何时候让你平静如她,让你安心如她,这显然已到了心灵范畴了。

不过这样的女子却不能被常常曝光,她多半是隐秘在一个安稳的场所,人们只知道她的传说,她也只会在特殊的日子出现,于是她就更美了,让人能触碰了。

昙花虽然只有短短的一现,却是有人适合如此的,这种人要么资质尚浅,只能"毕其功于一役";要么是才华卓绝,出场就觉得乏味,于是便"急流勇退"了,吕碧城显然属于后者。

恰恰是这种激流隐芳退,让人产生了无穷的遐思、无尽的奇想,有关她的故事也变得恍惚、朦胧起来。只要一触碰她的故事,便仿佛时光永远停留在那个时代,那么真实,却又那么遥远。岁月沧桑,时代变迁,所谓物是人非,这并非是一个放之四海而皆准的定律,至少对于吕碧城、对于她的读者,更多的是人是物非。

青春是人生最美的阶段,就如同植物花开一般,我们要趁着足够的精力、最好的时光,肆意挥霍我们的青春,这样它才能开得又鲜又艳。如果一味拘守,错过了花开的季节,那只能凋零枝头,空悲切。

人生的意境在于回首与回味,10年之后,再回望那段青春岁月,你便觉得那带汗的运动衫竟然那般华美。你只有一个青春,一旦度过便不再重来,把握好它,好好挥洒一番,便不会留下遗憾。在每个阶段做该做的事情,这才是最智慧的人的选择。

清帝退位,便是民国,袁世凯爱惜吕碧城的才华,邀她做了总统府秘书。如此等级的公务员是我们时下多少人集其所有智慧与世俗之力梦寐以求的,吕碧城也有几分世俗,她曾喜悦过,却是短暂的,官场上的种种粗鄙、政治舞台上的纷争是她心智所承受不了的。

喜悦在极短的时间内转变成了厌恶,吕碧城也感觉到了这个有着崇高名声的职位原本就是个闲差。1912年,吕碧城将母亲送到了上海,从此她便在京沪的路上来回往复,对于那个总统府秘书一职,她似乎从来没有认真到职。

哪有人会一辈子一帆风顺?哪有人会一生不悲欢离合?就

算是有，人生如此，又有什么意义呢？

人生必然如月亮一般，会有阴晴圆缺；人生也必然如潮水一般，会有起有落。恰恰就是在这种圆缺起落中，人会将自己的价值增值到最大，吕碧城不就是这样的吗？

历史书上关于总统府的记述有很多，而对于总统府秘书或许只能找到只言片语，但其实随便捞起一丁点儿的历史都能还原成一段有血有肉的故事，100来年前的昨天，一个风华正茂、才气横溢的女子对着那动荡、纷繁的时局空悲切，几度雁南飞，几许夕阳红，无数次的冷暖交替，数不清的老木新芽，又有多少人知晓这个女子并读懂她呢？或许在吕碧城开始生命的那一刻，其人生故事的脚本就已经写好了，只等她去演绎罢了，我们看她只不过是这个故事的一个倒叙而已。

你相信命运吗？又或者是命运钟情于你吗？为什么要让这样一个奇才女子碰到这样一个昏庸时代？为什么这样一个政通人和的时代却遇上很多的碌碌无为？一切都有定数，一些皆在冥冥之中，史书中那么多风华绝代的女子，最后还是在春恨晚秋中慢慢凋零，曲终人散，谁会在意那残花中的幼果呢？各人有各人的人生企图，有人在乎曾经的华丽，有人在意最后的芳华。吕碧城两者都不是，她根本就没有任何的人生企图，曾经的华丽只是她自然而然的外露，最后的芳华却是后人在心中树立的牌坊。

人就是奇怪，总会在不确定的时间被一些东西所感染，吕碧城此时碰上的是长城。1915年，春天将要过去了，一个偶然的机会，吕碧城游览了长城，不知是长城的气势恢弘跟现实的萎靡无为强烈地对比还是人和物瞬间的灵通，吕碧城一阕《浪淘沙》尽抒豪情壮志：

百二萍秦关，丽堞回旋，夕阳红处尽堪怜，素手先鞭著何处，如此山川。

花月自娟娟，帘底灯边，春痕如梦梦如烟，往返人天何所住，如此华年。

"素手先鞭著何处，如此山川"是一种豪气，一种于山水间的自由舒畅；"往返人天何所住，如此华年"是一种宕气，一种于人世间的束缚叹息。

依照某些理论，人生下来就是为了偿还罪孽的，可人一来到这个世上又禁不住会有很多的愉悦，这跟负罪的背景是极不相称的，很多时候你以为自己已经厌倦了世事凡尘，不过偶尔

第四章 芳踪隐去——悄然的脚步

的放荡形骸，性情本露，已然成为一种期待。吕碧城不是一个天生的忧郁种子，她面对大好山川的时候也会豪情万丈，即使她非常清楚这如同饮一杯毒酒换来一醉贪欢！

当时中国正被迫跟日本签订丧权辱国的《二十一条》，当时吕碧城正担任总统府秘书，虽然她是一位"当局者"，对当时的时局却一点儿都不"迷"，相反，她清醒得很，当局的腐败软弱，让她的愤懑之情溢于言表，不过就算她呼天抢地，也无力扭转时局，终究她还是只能借景抒情，让长城来抒发她的情感：

摩天拔地青巉巉，是何年月来人间。浑疑娲后双蛾黛，染作长空两壁山。

飙车一箭穿岩腹，四大皆黝幽难烛。石破天惊信有之，惟凭爆弹迁陵谷。

万翠朝宗拱一关，山巅雉堞长蜿蜒。岩峣岂仅人踪绝，猿鸟欲度仍相咨。

当时艰苦劳民力，荒陬亘古冤魂集。得失全凭筹措间，有关不守嗟何益。

至今重译尽交通，抉尽藩篱一纸中。金汤枉说天然险，地下千年哭祖龙。

愤懑与悲痛只能是一时情感的表达，不可能成为长久的情绪依托，吕碧城慢慢地从那种纯粹的愤懑中缓过来了，她变得"成熟"起来，这种成熟既是一种情绪过后的冷静思考，一种对时局认识的深刻，又是一种通彻的无奈，一种随他去吧的挫败感。

吕碧城冷静了下来，审慎着，她将自己从那个感情中抽离出来，冷眼旁观。她似乎找到了中国招人侮辱的原因："民智之不开，实业之不振，不患发号施令、玩弄政权之乏人。"

吕碧城将中国比作一部钟表，现在已是"内部机轮全属腐朽而外面之指示针则多而乱动，终自败坏而已。世之大政治家，其成名集事，皆由内部多种机轮托运以行，故得无为而治。中国则反是，舍本齐末，时髦学子之目的，皆欲为钟表之指示针，此所以政局扰攘，无宁岁。"此种论述不可谓不一针见血，不可谓不入木三分。

吕碧城显然没有玩弄权术的本领，也缺乏做"指示针"的热情，更不甘在政界谋个一官半职，思来想去，只剩下归隐一途为她洞开，最终，她走向了父亲的老路，彻底告别官场，定居沪滨。

第四章 芳踪隐去——悄然的脚步

每一个生命初到这个世上都是纯净无染的，没有任何记忆，年幼的吕碧城想不通父亲为何归隐凡尘，甚至搞不懂归隐的概念。不过冥冥之中总会有所昭示，吕碧城竟然也重复了父亲昨天的故事，原本多少牵挂的心性，也开始了淡然超脱。

其实每个人都是带着使命来到人间的，不同的是不同的人在不同的时间背负的使命感不一样而已。初涉世事，吕碧城便融入纷扰的俗世，忧心国事盛衰；但惊鸿一瞥，便不喜烦扰世事，终于找到属于自己的狭小世界，守着简单的生活，欲不惊不扰地过一生，休管世事浮华。

世间的才女多孤独，美貌的才女更是难以逃脱这样的结局。

在吕碧城之前，安徽出现过另一位孤芳才女苏雪林，或许是因为过早地被这种孤寂感浸泡过了，对于一个正走向自己一样命运的吕碧城，格外喜欢，称她"不但才调高绝，容貌也极秀丽"。不过这种喜欢中，透露出来的更多的是一种怜爱，一种回望自己的凄美！

时光荏苒，吕碧城最美好的青春距离今天已经百年，不过她的那份洒脱、那份磊落、那种清澈、那种妩媚、那种文雅之气、明净之境，已然深深地印刻在了世人心中，并就此传承！

每个人来到这个世界上，都是背负着自己的使命的。有人背负的是改变社会的"大任",有人背负的却只是养活自我的小小使命而已。伟大也罢,渺小也罢,他们都会平等地享受着上天给予的一切阳光雨露。至于你自己,是要轰轰烈烈一生还是要静静绽放,那就等你自己来做主了。

各人有各人的使命,于是一来到人间,大家便各自散去,为了自己的使命而奔波、忙碌。好不容易遇到一个同路者,也不会为彼此停留,相互招呼已算是最大情谊了,谁让自己一心想完成使命呢?

其实想来,人生有必要这样太过执著吗?等到你华发初生的时候,你定然发现,自己的使命就像是上天立在地平线上的牌子而已,你往前走,它就向后退。如此,又有几个人真正实现了自己的人生使命呢?我们更多的是被一个虚幻的目标所牵引,劳碌终身,毫无所获,不过谁又能提早懂得这样的人生哲理呢?

吕碧城,这位300年来最后一位女词人,人生如同繁花一般,有过那番轰轰烈烈,却终不免落到繁华落尽人寂寥的境地。人从生到死,无论多么碌碌无为,无论多么匆匆忙忙,都不能否认那种悲壮与华丽。而吕碧城在这种悲壮与华丽中,偏偏多出了那么一丝苍凉来,不为别的,只为那份记忆,那份曾经的繁花如锦。

张爱玲曾说"有阳光的地方让人瞌睡,阴暗的地方有古墓的清凉",吕碧城显然是到了一个阴暗之地,没能接受到多少的阳光照耀,不然她为何在诗词中表现得如此孤寂、幽怨呢?

就算她后来混迹上流社会,灯红酒绿,但那逝去的年代在她心中投下的影子已然不能清除,就像一块灰色的幕布一般,将她的心紧紧地裹了起来。她太过敏感,她跟人若即若离,甚至连自己都开始怀疑,她的一生已经无法改变,最后也只能清凉收场。

要将这怪罪于那个时代吗?或许不能,在那个时代如吕碧城一样童年的人多之又多,不过如她敏感的人却很少。怪就怪她天生丽质,对理想抱有太大希望,对现实寄予过多要求,可那个时代又怎么能满足得了她呢？

　　一个人跟一个时代相比，人会显得多么的渺小；但将吕碧城跟她生活的时代比较起来，竟然会发现吕碧城高大了起来，而那个时代却在她面前缩小了。看来，时代欠她的是太多了，也怪她要得太多了，不是吗？

Ⅱ / 畅游商海

　　一个人的性情是天生的，不同的环境会在人的心境上有不同的映照，不过骨子里的东西与生俱来，是不易改变的，所谓江山易改本性难移，便是如此。吕碧城适时退出了官场，移居沪滨。

　　上海，一个早已经被商业气息浸润很深的城市，一个个寻梦者在"冒险家的乐园"——十里洋场，肆意地嗅着金钱的气息。书生意气的吕碧城竟然也被这种气氛所感染了，这或许是她与生俱来的不甘寂静在作祟，几番滚打，她竟然获利颇丰。

其实很多人都会在潜移默化中改变自己，熟悉又陌生，陌生又熟悉，我们在偶遇多年的老友时不常有这样的感觉吗？

一个内忧外患的动荡年代，一个鱼龙混杂的花花世界，一个风华正茂的才女是如何与洋人在商场的角逐中大有斩获？这是一个问题，不过这个问题的答案却又是那样脱离不了那个时代、那个世界。

吕碧城南下经商，似乎复制了她在诗词上的才华，短短几年，便在十里洋场凸显名气，从此衣食无忧。不过这一切都是她通达的人际脉络、绝美的公关面孔、超强的经营智慧、天时地利人和综合起来的必然结果。

不知是出于真心的谋划还是巧合之作，要想在男权社会凸显自己，最捷径、最有效的办法就是在最具雄性氛围的经济领域证明自己。显然，吕碧城做到了，她的成功已经让无数男子刮目相看。

吕碧城在上海的生活动静皆宜，一方面，她跳舞、喝咖啡、奇装异服；另一方面，她又作诗写词，宁静多情。她对这种动静交替的生活把握得恰当好处，犹如大隐隐于市一般，周围虽然喧嚣热闹，不过她却能找到自己的小楼，在适当的时候转进去，回归那份难得的宁静。

人毕竟是社会动物，长期的独居生活，在吕碧城的性格上得以投射，尽管她善于掩饰、佯装豁达，不过她的诗词却处处在出卖她，谁叫她根本上还是一个柔情女子呢？

吕碧城在商场成功离不开袁克文、费树蔚等人的鼎力相助。做朋友对两种人是较难的，一种是一无所有者，这种人是没有多少人愿意跟他们成为朋友的，即使成为了朋友也只能是多一个一无所有的同伴；另一种是才华横溢的人，这种人是没有多少人敢跟他们成为朋友，因为怕自己自惭形秽。不过吕碧城跟袁克文、费树蔚算得上是最单纯的朋友。

他们3人早在北京就已经相识，闲暇之下便诗词唱和、批袁称帝，共同的才华爱好、相同的政治主张，让他们一见如故。很多时候，最好的朋友是因为自己遇到了另一个自我，是自己跟自己的对话，这种默契、这种感悟，恰如那柔柔的清风裹香，言说不尽。

想想吕碧城，曾尝过种种人情世故，空有一番志气却无处释放，或许只有她自己才能懂得这种无法言说的无奈。在从商之前，吕碧城生命中的种种境遇又何曾有过真正的圆满？商场的小小斩获也许是她不多的生命彩色记忆之一，默然回首，瞭望一生，只有此地晴朗见天，尽管这不是她自己想要的那片天，但对她，无疑不是一种最大的、最委婉的慰藉。

对于那些敢于呈现过去的人，我永远有一种特别的钦佩之情，特别是那些有过不堪过去的人。就如同一个国家敢于面对那份不光彩的历史一样，这不是出丑，恰恰是展现了气度。

吕碧城丝毫不掩饰自己的过去，她会将一切的过往通过诗词释放出来，是那么的纯粹，那么的自如。其实谁又能掩饰过去呢？过去、现在和未来永远是一段完整的生命历史的 3 个维度,缺一不可,如果你截取其中一段呈现给世人,就算是最美的一段,那必定失掉了生命力,会在短日内萎缩掉的。

Ⅲ / 浮华上海

相信很多人会对老上海有一种特殊的情结,无论是曾置身其中的,还是不曾涉足的抑或是时光相隔的,对老上海都有着一种靡靡的怀想:灯红酒绿、摩登前沿、风流之所……谁人于此又能抵抗得住这般熏摇?

老上海是奢靡的,是势利的,甚至是糜烂的,不过它在多数人的心中却没有那份恶俗感,反而心生向往。

那时的上海高楼林立、生活奢华,空气中弥漫着浓浓的现代气息,这种热闹而又喧嚣已经成为一种背景,它们在迎接一位才女的到来,它们是不是觉得只有这个女子才配得上这喧嚣

第四章 芳踪隐去——悄然的脚步

与浮华？这个女子不是别人，正是吕碧城。

吕碧城在上海的生活几近奢华，她寓居威海卫路，与陆宗舆、庞竹卿为邻，寓所装有钢琴、油画，门庭安排有两个印度人巡捕。吕碧城出则有汽车代步，常常参加各种舞会，交际甚广，要知道这种阔绰的生活只有上层阶级才能够享有。

吕碧城师从严复，从事编译工作，接触了大量西方典籍，耳濡目染，养成了西方自由开放的习气，让她与中国传统旧思想格格不入。这极其外在地反映在了她的穿衣打扮上，郑逸梅曾记载，吕碧城"常御晚礼服，袒其背部，留影以贻朋友。擅舞蹈，于蛮乐瑽瑽中，翩翩作交际之舞，开上海摩登风气之先"。

跟秋瑾喜爱男人装不一样，吕碧城则热爱张扬女性的气质，也难怪，时光如梭，生死难料，为欢几何？何不趁着自己康健，享受生活、释放激情呢！

可不要以为吕碧城只懂得在穿衣打扮上张扬，其实对男女两性，她更是见解独到："人类无分文野，本天性发而为歌，舞则同也。为文明愈进则跳舞愈成为崭新有统系之仪式。迂拘者目为恶俗，每禁戒其家属勿事学习，此无异哀乐发于心而禁其啼笑。拂人之性，古圣不取。舞之功用为发扬美术，联络社交，愉快精神，运动体力。若举行于大典盛会，尤足表示庄严……"就算是今天读来，仍觉得颇有见地，是吕碧城的思想太过超前？还是我们进步得太慢，不得而知。

吕碧城喜欢招摇，但她有的时候并不仅仅是招摇，她是将自己的个性用略为夸张的形式表现出来而已。时下喜欢招摇的女性并不少，但是她们越是花姿招展，越显得俗陋无比。一个女人，可以没有姿色，但决不能失掉个性，否则便会与那庸姿俗粉混在一起，淹没了自己。

一袭孔雀长裙，怎是一般的女子能够驾驭得了的？只有吕碧城能够从举手投足之间渗出特别的味道来，这个奇装异服的飞女子跟她的诗词一般，绝不随波逐流，绝不浑浑噩噩。

吕碧城将衣服当做了另一个自己，她不会让自己的才华、姿色有半点儿隐藏，她会悉数呈现出来，摇曳于华灯之下，引来无数惊叹！

张爱玲有言：中国人不太赞成太触目的女人，这其实是爱玲对自己的沾沾自喜，不过早在张爱玲出世前的半个世纪，在那"万马齐暗究可哀"的满清，世间就出了一位才女高调彩衣大触世目，此人便是吕碧城！

一袭绣有大幅孔雀的薄纱舞衫，惹得多少人长夜失眠，招来多少记恨的眼珠，苏雪林曾将吕碧城一张照片供奉在堂：她身着黑色薄纱的舞衫，胸前及腰以下绣孔雀翎，头上插翠羽数支，宛若仙子。

孔雀，乃"百鸟之王，鸟中皇后"，通常女子，且不论她们如何配得上着华美羽衣，就看那种怯意，已然落寞不少。唯有吕碧城，不仅其容颜契合这华美羽衣，最难得的是那种心性，已然是人中孔雀，在那里骄傲地美丽着，释放出她飞扬的才气与雍容的霸气！

如此一个风华女子，却"风流"如史湘云，是不是让人有些不可接受？其实并非如此，对一个人而言，年华是永远不可逆的，也只有在青春鼎盛的时候才敢于挥霍光阴，才不至于10年之后回首，一切才恍如梦境，如果一切皆如程序一般按部就班，岂不是没有半点儿生气与灵性？少了多少人性大美？

世间百态，一定要亲自品尝一番，才知其中真滋味。红尘如梦，我们沉迷于梦中的春朝秋夕，是因为我们厌倦了凡尘的五颜六色，才能内敛为那别具一格的清欢。

吕碧城就如同天生的贵族一般，世事红尘断然湮灭不了她的那颗不凡的心，世间曾有吕碧城，是我们之幸，不幸的是她没有生在我们这个时代。

吕碧城是一个思想前卫的人，她极力推广交谊舞，认为其能够联络社交、愉快精神、运动体力，其开放之程度让人惊叹。吕碧城旅居美国期间，寄居世界第一的大旅舍达半年之久，一时间，吕碧城成为了社交名媛。只要有隆重宴会，必定邀请她出席，吕碧城也不负众望，每次出席必然是光鲜夺目、惊艳迷人。

一个女子，能够在众人心中赢得"风华"二字已属不易，且她还能够在红尘与理想中自由转换，更是出人意外。其实吕碧城是看穿了人世凡尘的，她懂得最好的拒绝是妥协，最体面的妥协是顺从，她不说，但她已经在跟很多的人和事妥协了，却不让人看到她的颓废、她的累，只见她的光鲜、她的闲，这不得不说是一种智慧。

当然，吕碧城的处世并非只纠缠于个人的享乐，她还是一个具有公德心的女子。早在1920年出国留学前，她就将自己10万元的巨额捐赠给了红十字会。到了海外，她还为保护生态环境捐献了两笔款。1940年，她捐款给国内战争中流离失所的难民。临终前，她将自己的所有财产捐献给弘扬佛法护生之用。

吕碧城或许最懂寄人篱下的感觉，最懂钱的分量，她一生除了自己花销，所有钱财悉数捐献，如此一来，你能说她是一

第四章　芳踪隐去——悄然的脚步

个只懂得闭关在小阳台上忧郁地望窗外风景的女子吗？偶然之间，她的形象就这样凸显了起来。

吕碧城懂得法语和英语，常常一个人游历名山大川。1914年，她只身游览庐山，1917年与妇女界名流张默君、陈鸿同去邓尉山探梅。在当时国人还不知"旅游"为何物的时候，吕碧城或孤身一人，或携两三好友游山玩水，陶冶情操，不能不说她是开明的人。

或许一切都是表象而已，每当吕碧城跟山水相遇，跟苍穹相接的时候，油然而生的淡淡忧伤与不平便流露无遗。探梅之行，吕碧城赋诗道：

山河无恙销兵气，霖雨同功泽九垓。
不是和羹劳素手，哪知香国有奇才。

吕碧城在向当政者投诉：谁说女子没有奇才，只不过无人识别罢了。其实一切根源都在自己对曾经的那段从政经历的耿耿于怀，自己何尝又不是想让自己的才华尽用？无奈啊，"哪知香国有奇才"！

无人知道"香国有奇才"，自己如何是好呢？望望眼前的风景，灵感一来：

> 笔底春风走百灵，安排祷颂作花铭。
> 青山埋骨他年愿，好共梅花万祀馨。
> 自己只能够与花为伴，终老邓尉了！

与人，与世，吕碧城似乎是不能如意了，只能在造物主中找到神奇来刺激些许麻木的心，但已经刺痛便又不自主地荡回到原始的起点。这种大美引导出的大悲，这种干净引诱出来的繁杂，成为了吕碧城心中最难解开的心结，一直搁在心中最隐秘处，不轻易与人言说，怕的是无人来和，无人真懂！

吕碧城生活有态度，思想有高度，谁都不小心爱上她，多少女子，在那样的时代里，多的是力不从心，多的是无可奈何。100来年后的今天，有心人屡屡与她相遇，在最美好的日子里，知她、懂她，消锦样年华，莫问天涯水涯。

如果有人谈起他不爱名利，便会让人感觉到一种无故的清高做作，不敢与之交往。不过同样的话，吕碧城说出来，便觉得太过普通，似乎她天然如此。一切皆在于她是天才，名利如影随形，她爱或者不爱，她求或者不求，都在那里，挥之不去！

第四章 芳踪隐去——悄然的脚步

你我没必要刻意回避名利，只拿属于自己的那一份，便大可心安理得了。

你我亦没有必要可以追求名利，它如同天上的雨水一般，何时来、何时去，由不得自己，就算是科技发达，能预测天气，那水灾不也时常发生吗？况且时下环境早已大大异于吕碧城那个时代，至少在那时，真本事是通往名利的最为重要的途径呢。

吕碧城是先有了天才的要素后再成为天才的，如今的"天才"是有了这个名号后再将他们的一切当做天才的要素的。虽然只是调换了一下顺序，不过转变的却是一种态度、一种风气，至于是由好转坏，还是由坏转好，你我心知肚明！

有人早早地就出了名，但他们未必有那么多的快乐，对大多数人而言，名利带来的快乐，从来没有那么简单纯粹！

只有吕碧城，她真正享受到了名利带给她的快乐，成名的她常与社会精英赋诗唱词，财力丰厚的她常出入高档场所，这一切都使她快乐无比！不过吊诡的是，她自己或许还未明白：她的快乐大部分跟名利有关！这也恰恰是她能享受名利带来的快乐的原因。

有人说，吕碧城是个大俗的女子，她社交于上流社会，她畅游于翻滚的商海；也有人说她是个大雅的女子，她吟诗作词，倚栏凝望。其实她比谁都懂得尘世烟火,也比谁都清楚心灵雅境,她常常在俗与雅中穿越,不需要任何的道具,自由转换,这便是她的本事,常人很难做到。

IV / 几多凋零

有一种情感是复杂的,那便是会见多年的同窗好友,那个时代没有现在如此发达,能够将距离缩短几乎为零。将若干年的时间累积成见面的一瞬间,不管是多么被生活历练的人都是能被震撼的。

有一句歌词"百年修得同船渡",不仅爱情、友情,世间的一切情谊都是如此,今生所有的情缘决不会无缘无故存在,也不会无缘无故消逝。人生光阴几十载,一旦遇上便是缘分,何况是同窗几年的同学。

第四章 芳踪隐去——悄然的脚步

1920年,吕碧城北上北京,住在"北京饭店"。每到一个陌生地,首先想到的便是自己熟悉的人,吕碧城想起了自己当年读书的一个女友,此时在天津。

当时她们一起在天津上学,这位女子出生官宦人家。某一天,她的公爹出使外国,经过天津时,顺便参观一下当地女学。当时的情形吕碧城历历在目:她公爹一行人还未到,这边大小官员早已列队两旁,毕恭毕敬,等到这位达官到了,所有人向其行礼,吕碧城的女友虽然也是行礼,但那种得意之情早已溢于言表了。

时光如梭,10年光阴恍若隔天,10年之中,辛亥革命发生,推翻帝制,官场中,旧人去,新人来。女友的靠山倒掉了,仅仅10年,当吕碧城再次见到她时,这位女友已经憔悴不堪了,虽然她还是一个小学校的校长,不过颓废之势已经窥见一斑:两三间破旧的房子、弯腰驼背的看门老妇、几个破衣烂衫的穷小孩……

吕碧城难掩心中酸楚,更惊叹岁月世事对人的影响。看来,跟个人的学识、心性相比,环境的作用要大得多,其实何尝又不是如此呢?吕碧城自己不也是最好的例子吗?

如果将人生比作是一根竹子,那一节一节生长起来的便会是喜与忧的错落，当吕碧城后半生的幽怨多于喜乐时，她也不过是那落寞的女子，全然没了才女的意气风发、繁华怒放，而是败蕊一地。

回到北京饭店，吕碧城凝望着窗外璀璨的灯火，看着绅士淑女出双入对，百感交集，心中最软处被触碰，于是挥笔写下了一首七绝：

又见春城散柳絮，无聊人住奈何天。
琼台高处愁如海，未必楼居便是仙。

这算是对女友的一种安慰吗？抑或是企图唤起女友的清高感？不得而知，或许两者兼具。且不论诗歌内容本身对女友有多少帮助，但一个孤独的人，特别是一个曾经热闹过的人，能够在某个时候被人记起并在精神上有些支持，便已经是非常浪漫的事了。

虽然现实没能理解女友，不过在她心中总有一种预感，预感自己总会某年某月之后成为历史的小浪花，预感在这个城市的某地还有一个人懂她。

同样是女子，同样学女学，吕碧城是幸运的。

第四章 芳踪隐去——悄然的脚步

虽然吕碧城对官场的感情颇为复杂，但她在官场中还是幸运的。她初入官场就是总统府秘书，特别是到了《大公报》之后常常跟官场上层人物来往。办女学之后，她还结识了不少名士巨贾，不管她承认与否，吕碧城已是上层社会的一员了。

官场无疑是一个水深的世界，吕碧城是如何能够如鱼得水的？秘诀在于她非常懂得分寸，懂得适时进退，这不也是当今在官场行走的"秘诀"之一吗？吕碧城不过多地搅进官场，因为她深知其中污秽无比；吕碧城花更多的时间与文人、名流往来，享受着那难得的"无官一身轻"的快感。如此的微妙平衡，想必只有奇女子才能把控得好。

理想遇上现实，必然要遭遇滑铁卢，人生哪有如想象中那般完满？人生哪有如祝福般那样全尽如人意？就算再有棱角的人，也会被岁月的长河给冲刷得溜圆。其实未必非得做那个有棱有角的石头，做一块溜圆的石头不也挺好的吗？至少也有一种顺势而为的美，至少也将经历的岁月留在身上，这难道不是一种人生的价值吗？

很多时候，我都认为吕碧城是一个坐在云端的女子，为她的才华，为她姣好的面容，其实不然，吕碧城能够在云端与大地之间自由上下，你此时还觉得她不染世事凡尘，却见她在官场推杯换盏自如；你方才觉得她不过就是一个投机取巧者，又瞥见她一身的清高魅影，绝驰红尘！她不会让自己的情感固定于一处，她悲欢自如，她心所属哪里，已全然自知。

其实这也是吕碧城为何跟英敛之、秋瑾等人的友情没有走到最后的重要原因。英敛之作为报人，具有极强的独立人格，不依附任何权贵，置身事外对其进行批点；秋瑾则与当局针锋相对，企图推翻当局。

吕碧城这样的女子太聪明，她将自己的魅力发挥到极致，成众星捧月之势，她享受着这种感觉，不过却不沉迷于此。她懂得如何让别人愉悦，如何让别人温暖，不过一切看起来都是无意的，纵然自己已经情深意切，表现出来又淡若无痕。

有些时候，她倒是对英敛之、秋瑾有所羡慕，羡慕他们的那种超脱，羡慕他们的那种表里如一的执著。但吕碧城不是一个只会走直线的人，她懂得拐弯抹角，懂得情深意切也要平静别离，懂得凡事需要等待，所以就算是繁华谢落，她还久久矗立树下，或许是在等待下一次的枝头花开。正是此种"圆滑"，这种耐心等待，才让她尝遍人生各种滋味，到头来处变不惊，笑且有味地生活着。

吕碧城，如你如我，皆是红尘一匆匆过客。不同的是，短短一生，她大放荣光，风光无限。她那并不丰韵的身躯装着满满的大爱、大我、大情怀。对于自己，她近乎苛刻地消费，对于朋友、故国，她又小心积累。她在事业上上下求索，对于政治没有企图；她思想前卫，却最终遁入佛门。

世相如此迷离，我们不时会在这种世相中将自己走失，还好人有记忆，凡是走过的路，看过的风景都会记忆于心，这样至少免去了重复的尴尬。遗憾的是那份心底最初的梦想、原本的纯真却在红尘中慢慢消解，化作屡屡忧怨，不是飘走，留下一个空落落的心。

作为红尘过客，我们肩上背负的越来越多，心里融入的越来越少，我们的身体已经高度疲惫，但我们好像还永不知足，一味地向上添加，结果当我们无力前行时，心中的那个怀想还鲜活生动！

第五章

遥遥楚天

—— 海外求索

I / 他乡非故乡

那时的清政府内外交困，不过慈禧太后却依然享受着奢侈浮华的生活，全然不理朝政。

吕碧城怎么经受得住如此国运衰退？她想像英俊的将士一样戍守边疆，就算是捐躯为国也在所不惜。而此时的清政府却在用巨资修建颐和园，京城布置得如同金币包裹起来一般，就是这样一双老气的纤手把大清给葬送了。

1908年，慈禧去世，那些遗老遗少仿佛失去了天地，将她的画像供奉在排云殿，希望她能继续保佑大清江山，吕碧城怎么见得如此愚昧之举，写了一阕《百字令》对慈禧进行讽刺：

排云深处，写婵娟一幅，翚衣耀羽。禁得兴亡千古

第五章 遥遥楚天——海外求索

恨,剑样英英眉妩。屏蔽边疆,京垓金币,纤手轻输去。游魂地下,羞逢汉雉唐鹚。

为问此地湖山,珠庭启处,犹是尘寰否?玉树歌残萤火黯,天子无愁有女。避暑庄荒,采香径冷,芳艳空尘土。西风残照,游人还赋禾黍。

吕碧城对慈禧的丧权辱国行径进行了毫不留情的批判,并讽刺慈禧就算到了阴曹地府也羞于面对吕后、武则天。虽然当时满清气数将尽,但架子还在,岂容如此女子"戏弄",便下令缉捕,吕碧城不得不远赴海外避难。

1911年,民国成立,吕碧城好不欣喜,立刻填写了一阕《丑奴儿慢》:

东横泰岱,谁向峰头立马?最愁见铜标光黯,翠岛云昏。一旅挥戈,秦关百二竟无人。从今已矣,羞看貂锦,怯浣胡尘。

鼎尚沸然,残膏未尽,腐鼠犹嗔。更绣幕、闲烧官烛,红照花魂。遍野哀鸿,但无馀泪到营门。迎春椒颂,八方争说,木草同新。

一位平凡女子，却能伤怀国事，关心民瘼，这是何等气度，何等胸襟！

1912年，袁世凯出任民国临时大总统，邀请吕碧城任总统府机要秘书，她难掩"木草同新"的喜悦，那个累积在胸的跃马横刀一展抱负的雄心壮志终于可以付诸实际了，遗憾的是，袁世凯只想一心称帝，并没有改革除弊的气度，吕碧城便心灰意冷，别离官场了。

其实吕碧城遇上那个时代，不可谓不是一种悲哀，就这样，一颗赤子之心被无情地浇灭了，留给吕碧城的路，除了看破红尘，遁入佛门，似乎也没有别的路可去了。

赤胆忠心如吕碧城者，他们要么完全入世，能在政治的舞台上翩翩起舞，便能肆意挥洒，舞动出最美的姿态来；他们要么完全出世，因为他们过于理想化，他们的赤胆忠心一旦遭遇现实便会灰飞烟灭，一个心都碎了的人，你能指望他还心存激情吗？

一直以来，我们都希望自己心中的女神有一种隔绝人世的安静和优雅，不管何时，无论何事，她都波澜不惊、莞尔一笑。她一直守在那热闹的繁花前，那如霜的皓月下，世事在变，而

第五章 遥遥楚天——海外求索

她永久亭亭玉立。

其实这是那么的一厢情愿,是那样的自私自利,如果一个女子凡尘不染,俗事不知,那番平静,那番不惊,将会显得怎样的单薄与死寂?越是才华卓越的女子,越要跳出窠臼;只有随波逐流,才能惊起独一无二的浪花,才能释放那惊心的情怀。

每一个见到吕碧城的人,都会误以为她那姣好的面庞只适合江南水乡,只般配一帘幽梦,只契合温婉优雅,这不是真的懂她。

吕碧城骨子里多的是不甘、是激情,是种种莫名的冲动。她觉得她属于这个时代,属于她的内心,属于某种感觉,而肯定不属于某种成见。况且吕碧城正值生命怒放的时节,她怎么能错过如此美妙的时光呢?

趁着年轻气盛,吕碧城要将生命当做一种生活必需品进行一番挥霍,而不是等到生命成为奢侈品的时候蹑手蹑脚。且不管明日如何,只管当前尽欢,此时痛快,多少年后回首,才觉出生命之精彩,且能回味到属于自己的味道。

出国留学,是吕碧城在 1904 年跟秋瑾相会时就有的打算,只不过因经济拮据,未能遂愿。不过同样是留学,吕碧城对日本却是颇多抵触的。

1922年，吕碧城从加拿大乘船回国途中经过日本横滨，当时正值英国王储即将访问日本，日本到处都收拾得干干净净的，随行的几个美国妇女登岸游览，但她却没有心思，因为在吕碧城眼中，中国跟日本是不融的，她撇不下国家的恩怨来放荡自己的内心，这或许就是她这种人，于很多事都耿耿于怀，在不知不觉中情绪便生出来了。

临别之时，一个年轻的日本导游要跟吕碧城握手，出于礼貌，吕碧城跟他轻握了一下，并在船离岸之时将那位青年递给自己的名片扔到了海里。当晚回到家中，一家人正享团圆之乐时，突然有人送过来一张名片，正是那个日本导游，还有一个大箱子，里面全是画画用的颜料、毛笔等。吕碧城的母亲见后大发雷霆："你这个不孝子，让你去留学，却跟日本人交上了朋友！"

吕碧城还在惊愕中，被母亲这么一骂，便感到无地自容，突然一声汽笛惊醒了她，原来是一场梦！

好个一场梦！吕碧城对日本的憎恨可见一斑，吕碧城见不惯当时官场的浑浑噩噩，急流勇退，以报道德之完全，与此，她对国家有着无尽的痛与恨；吕碧城不是一个拘谨之人，她大方融入老上海灯红酒绿的生活，她在达官贵人的交往中如鱼得

第五章 遥遥楚天——海外求索

水；她又是一个拘谨的人，面对日本，尽管在梦中，亦是不屑与之为伍，避之而不及。这恰恰就是吕碧城，在不同的地方将心性的多面展现得淋漓尽致，折射出一道道各具色彩的光芒来。

万事俱备，1918年，吕碧城准备出国留学，可就在此时，她虽然没有了经济上的拮据却又不小心感染上了时疫，在床上一休养就是两个月之久。最为严重之时，吕碧城感觉自己挺不过去，去函诗友费树蔚交代后事："果不久物化者，拟葬邓尉。"一切煞有介事，不过她的大限尚未到，身体渐渐好起来。

1920年，一切终究顺利，吕碧城终于得以成行，如此的好事，她的文友李经羲、樊增祥、费树蔚当然会一一送诗赠别了，不过其中最让人猜度万分的是费树蔚对吕碧城的别情：

吹云和笙董双成耶？蹑远游展褚三清耶？

霓裳独舞赵玉容耶？玉鞭一往李腾空耶？

子今告我适异国，仙乎仙乎留不得。此心久逐苍浪去，世人那得知其故。

凤城歇浦感苍凉，车鸣枕中梦不长。戒坛昨夕微风举，大横庚庚画沙语。

是谁认得凌波痕，金名凤纸双温馨。旧时仙侣若相忆，雪中小点惊鸿迹。

况我痴骨非仙人，惜子之去子莫嗔。天涯处处花开落，去往飘然莫泥著。

送子为天河浣沙之行，赠子以阳关咽笛之声。

鹤书早寄珍珠字，百年会有相逢地。

那种缠绵悱恻的情谊溢于言表，一个才子，一个佳人，如此缠缠绵绵禁不住让人浮想联翩，但事实证明这只是一些读者们庸人自扰罢了。

自古文人多情意，他们的情感较普通人会丰富一些，但又较普通人含蓄一些，这让一些原本"正常"的情感遭到误会，也是常有的事。

漂洋过海，是那个时代的一种时尚，一个如此钟情于时尚的女子怎么能够撇开这种趋势不管不顾呢？吕碧城自然应和了这种时尚，跟着一批人乘船来到了旧金山，如果就此看吕碧城，她也顶多算是时尚潮中的一滴罢了，算不得什么。

刚到旧金山，那里大雾蒙蒙，什么都看不清，同行的人便以天气不好留在了旧金山，吕碧城却是一个待不住的人，她一个人出去，将旧金山逛了个遍，随后又一个人坐火车来到了纽

第五章 遥遥楚天——海外求索

约,这花掉4天4夜。

吕碧城在纽约住的是当时号称世界第一的潘斯乐维尼亚大旅店,当她一个人拎着行李在大厅左顾右盼的时候,突然一个人从背后将她拦腰抱住了,吕碧城大吃一惊,她知道自己在美国是没有认识的人的,回头一看原来是一个金发碧眼的美国人,通过介绍,吕碧城知道了她是这个酒店的总管。想必在今天,我们也难以在中国的酒店中体会到如此"亲密"的服务。

缘分在某种时刻是非常奇妙的,它不需要刻意追求,不需要事先准备,不需要同甘共苦,仅仅是擦身而过,或是目光交集,就成就了一番友谊、一通爱情,缘何如此呢?或许缘分是将前世修炼的功力遗传到现世罢了,否则怎么会如此不经心而又记忆犹新?如此不在意却又一见难忘呢?就是这样的一抱,这样的一种对客人的迎接方式,那位酒店的主管成为了吕碧城在美国第一个最好的朋友。

一个心情舒畅的开始,对这个地方与这个地方的人终是有益的,虽然是陌生地,吕碧城好似在前世中熟悉一般,立刻就融入了当地的生活。生活中,那种似曾相识的感觉总能让人心痒痒,是激动,是喜悦,还是一种莫名的兴奋?不得而知。

来到纽约的吕碧城,虽然年近四十,或许是多年的社交经验，使得她那高雅的气质、考究的装扮、深邃的学养、文雅的谈吐很快让她脱颖而出，又一次成为域外焦点。

时隔不久，吕碧城就在美国建立了自己的社交圈子，里面不乏达官贵人、巨贾富豪、报社记者等名流。不过她始终不是一个将自己固定在一个圈子里的人，她也会跟普通的人交往。

一次，吕碧城在舞厅认识了一个小伙子，名叫汤姆，这个人对她很是殷勤，不过他却很诚实，告诉她自己只是一个工人，吕碧城告诉他自己不是一个势利的人，不会在乎别人富贵与否。

在一次汤姆给她的信中，吕碧城发现他是一个非常有文采的小伙子，文字功底甚至在有的文人之上，这让她非常高兴。不过不知道是不是汤姆过于敏感，在一次他邀请吕碧城跳舞的时候，吕碧城说她已经有了约会，且这个人是一个银行经理。从那以后，汤姆就消失不见了，或许他误会了吕碧城是一个有成见的人，其实并非如此。

都说世事迷离，很多人在凡尘中不可避免地被同化，迷失想象中的自己，汤姆在遇到吕碧城之前是一个不为自己的身份过于在意的人，遇到吕碧城之后，似乎一切的话语都怕说错了，一切的行为都怕弄砸了。两个原本不世俗的人却造就了一个世俗的结果，叫我们读者情何以堪！

第五章 遥遥楚天——海外求索

旅居西方的吕碧城曾被人误以为是东方公主，也难怪，她常年住在豪华宾馆，加上高贵的气质和阔绰的出手，谁见了都难免误会。她身处锦绣丛中、繁华世界，周围总是缤纷的色彩、悠扬的音乐，不过在她的心中，一直被不为人知的落寞占据一大半，自觉如一粟漂于沧海，那种不定感，那种不得不随波逐流的动荡，让她好不空虚。

因为寂寞，吕碧城常会因一些小事敏感。那是在纽约，一日，她忽然感觉身体发热，心跳加快，于是摇响电话，叫来医生，告知他："如有危险，请你明白地告诉我，不必隐瞒。"医生检查过后告诉吕碧城并无大碍。不过就在医生为她提笔开药时，吕碧城却说："你不必开方子，我是向来不吃药的。"医生很是感觉奇怪，便问："那么你叫我来何用？"吕碧城的回答让医生哭笑不得，"我请你来是验验我的病的，如果要紧，我须请律师立遗嘱。"

一沾病便怀疑自己是否将不久于人世，这远远脱离一般人的思维惯性，不过吕碧城却有自己的逻辑：长期独居，难免孤独寂寞，其实这不也是一种病吗？只不过它吞噬的不是肉体而是心灵罢了，一个心灵快被掏空的人，偶遇小疾，便惶恐生命之事，也属必然。

不是吕碧城自己不自信，而是她的自信一遍又一遍被现实所摧残，在原本需要简单、单纯地生活的时候，吕碧城却如早开的花朵，过早地见识了红尘世事，于是她"少年就识愁滋味"；等到她人近中年，原本需要世俗、圆滑的生活的时候，吕碧城又看透了尘世，不问世事，无奈不管她如何隐蔽，终究逃不脱俗世的纷扰。吕碧城总在这种不合时宜中一次又一次地遭遇打击，她如此敏感，就不足为怪了。

吕碧城游学欧美期间，中国国力衰弱，跟她一同在外的留学生大多生活窘迫，且经常受到歧视，虽然吕碧城自身吃穿不愁，但那种"触类旁通"，仍然让她对国内的战乱纷争倦厌不堪。

吕碧城曾写信给国内一位最有权力的人，述说她的衷肠："当代政界诸公不解西语，不与外人交际，所以没有国际的感触、世界的眼光，只知道在家里关起门来与同胞互争雄长。他日出门一步，遇见外人才知道，我国的地位在世界上卑微到何等。感触有多深，诸公固然自己身受不到的，但是既有了钱，诸公的子孙必然读西文，出洋留学，必有与外人相处的时候。就是不出洋，世界交通，西力东渐，华洋的交涉逐日地繁密，也无可避免。诸公何不捐除私斗，共救国家，为后世子孙做人

第五章 遥遥楚天——海外求索

的地位呢？"不过她又如何不知道，这种述说最终只能是如浮萍落入大海，杳无音信。

虽然吕碧城痛心国内战乱纷争，主张西学东渐，但她骨子里还是非常传统，她并不一味地推崇西方文明，因为在她眼中，西方的奢华之风、靡靡之音，必然会走向反面，"夫处世无常轨，原非人生之福，犹如起居无节而适以戕生，终局大抵不幸。"就算是对于国内报纸上有人主张的废除礼教，吕碧城也不以为然，她认为"夫礼教有随时世变迁以求完善之必要，而无废除之理由。世非草昧，人异獉狉，无论任何国家种族之人，苟斥以无礼无教，未有不色然怒者，何吾黄帝子孙独异于世界民族而甘居化外也？"

吕碧城的这种保守与她早年通读国学不无关系，就算她见识了欧风美雨，不过她的骨子里仍是一个传统的中国人，这从她与秋瑾相异的革命观中便能窥见一斑。

很多人对吕碧城的国外游历羡慕至极，实则是有理可循：不为生计而奔波，随心随欲，这叫谁人不想、不羡、不妒！可现实生活还是有诸多的无奈，吕碧城也不能例外，无论是吕碧城对于纽约还是纽约对于吕碧城都是陌生至极，没有半点儿经验可循。一个是才华卓绝的东方女子，一个是西方经济重城，似乎方方面面都不谋也不和。

不过无论是缘还是孽,遇上了就是生活,就得开始生活。其实环境就像是一面镜子,它所反映出的种种不都是人心所投射过去的吗?黑暗之中,你怎么能照见自己呢?

吕碧城来到纽约之后的7月在旅店病倒了,其实她的身体原本就不算好,胃有毛病,心脏也不好,特别是因为初到一个陌生地,虽然得到了别人的认可,但还是难免有人生地不熟之感,慢慢积攒起来的胃病便发作了。

因为缺少人照顾,吕碧城常常只能够喝一杯牛奶或者是一碗牛肉汤代替饭菜,她的身体如何受得了?不过还好,时间不长,她的病痊愈了。

吕碧城跟纽约的故事从这个时候才正式开始。

一天,吕碧城到一个以前经常去的理发店理发,理发的小姐有一段时间没有看见吕碧城了,看见她来理发,就问她是要准备去跟谁约会去?当吕碧城告诉她自己的约会对象是西帕尔德夫人时,理发小姐几乎惊呆了,因为谁不知道她是一个人尽皆知的美国最有钱有势的女人,几乎没有什么事情是她办不了的。误会也就随之而来,理发小姐好心告诉吕碧城应该如何适时提出自己的要求、要如何讨好这位夫人……你知道吕碧城如

第五章　遥遥楚天——海外求索

何表现的吗？她不急不躁，等理发小姐说完之后只轻轻地跟了一句："我比她有钱！"让理发小姐瞠目结舌。

势利的人似乎在生活中为人所不齿，不过静心想一想，谁又不是某个方面的势利者呢？有人爱美，有人爱才，有人爱名，有人爱利……凡此种种不都来源于凡尘所诱，世俗所迫吗？蝴蝶飞不过沧海，人在历史面前，就像一只沧海之上的蝴蝶，是如此身不由己，纵然上天给人一双翅膀，也难有几人能飞越沧海，况且很多人仅仅只有一双臂膀而已。

那位理发小姐就是一个长着蝴蝶翅膀的势利者，面对美国最有钱有势的女人，她无法自已，而当吕碧城丢下一句"我比她更有钱"时，我敢肯定她已然感觉到自己成了一个跟事件无关的旁观者了，她要做的就是对比西帕尔德夫人跟吕碧城，然后急切地找人宣泄自己的这段奇遇与她对比之后的结论！吕碧城的一句"我比她更有钱"显然给予没见过世面的"蝴蝶"以打击，但人世苍茫，千年飘然而过，贫穷富贵，起起伏伏一直在表演相同的故事，换掉的只是其中的演员而已。如此一来，便为吕碧城不值，又何必呢！

吕碧城在纽约的哥伦比亚大学做旁听生，主要研习的是文学、美术，并且作为上海《时报》的特约记者。吕碧城从小就喜欢画画，加上经过西方现代美术学的熏陶，已经具备一定的造诣，遗憾的是，她的画作没有一幅流传下来。

1922年，吕碧城回到了上海，此时她根本无须为谋生苦恼，不过她还是对政府的留学政策提出了批评：留学生归国后，政府不做任何奖励，任其自由谋生。恰逢时局动荡，从政的人油水颇丰，唯有这些具有真知灼见的人却因谋生而半途而废，可惜至极。

回到上海之后，吕碧城除了经营一些商业之外，将多数的时间用在了跟各地诗友游山玩水、对词赋诗上，很是潇洒。

在上海没待几年，或许是因为她在对比了中西社会现实之后，看见的尽是不如意之处，心情烦躁，却又无能为力，便于1926年再次出国，一走了之。

清理着吕碧城的足迹，似乎发现她并不像太久离开故土的人，其实也是这样，她虽然多次游历欧美，心则难离故土。任何一个人都看得出来她的那种无奈，无奈当局软弱无能，无奈一腔热血无处释放。对于这些无可把控的世事时局，吕碧城能告慰自己的是无论岁月如何苍茫，唯有一心向北，永不变向！

正是如此时局唤醒了吕碧城内心的那份血肉方刚之气，让她的诗词脱离了酸楚的个人气息，有了忧国忧民的大气与厚实！

也不知道游历欧美的新鲜是不是将她的人生虚无冲淡了？吕碧城的人生是孤寂的，她的出游，寻求的便是一种精神安慰，不过天涯海角，她找到自己心的皈依了吗？

或许之后，她后半生躲开尘世纷扰，归隐青灯古佛旁，才找到了片刻的安宁，让人看得好不心疼！

吕碧城的灵魂中有一种莫名的力量在指引着她，注定她会成为一个内心孤寂、外表坚强的女人。这是命运对她的安排，也是上天早已注定之事。不是她，或者是那个时代能够改变得了的。

虽然她长在一个传统家庭，但母亲的开明加上后来接触到西方文明，让她渐渐变得开放起来，不过正是她自身的开放跟那个时代的保守横生出一些孤寂来，将她的心慢慢浸染。

II / 文坛知己

吕碧城能成为文坛上的一朵奇葩，除了跟自己的国学功底有关，还得力于她师友辈的揄扬，这就不得不提范增祥和易顺鼎两人了。

范增祥一生虽算不上传奇，也是辗转流离，享尽荣华，尝遍疾苦。他曾任宜川、咸宁等县知事，还被荐为枢府秉笔，替慈禧太后与光绪皇帝拟诏书。不久提升为陕西、江宁布政使。民国后，他做了遗老，终日与沈曾植、陈夔龙等人诗酒唱和，不耐囊中日渐羞涩，加上寂寞难忍，来到北京屈就于袁世凯。袁世凯赏识他的诗文才华，让他做了总统府顾问等清闲之职。范增祥整日无事，只好与戏园女子逗乐以消耗光阴。

袁世凯死后，最后的赏识者也没有了，年过八十的范增祥

第五章 遥遥楚天——海外求索

虽时常得到北洋旧人的接济，但无奈家境日渐衰退，为了糊口，他曾在报纸上登"樊山尚书文字润例"，企图卖字赚外快，不过却被当局查封，此时的范增祥已无精力与之争辩，只身回到北平，不日便与世长辞了。

综观范增祥的一生，起起伏伏，到头来孤寂离世，不可谓不是一种悲剧，悲剧的根源无疑跟那个时代有关：时局动荡，内忧外患，作为一个常人，无论他在诗词歌赋上是如此精通，但在面对如此时局时，仍旧像一根无根的浮萍，只能随着水波的荡漾起伏，至于哪天会不慎被水波卷起拍到岸上死去，不得而知，那种终日的惶惶感，只有自己明白。

其实范增祥的悲剧也在自身，不懂得转换，不懂得变通，一味以既有的判断来对比现实，怎能不受打击呢？聪明人都懂得心随世动，只不过如范增祥等人，心早已被限定了，如此一来，就算是转换过来，那还是范增祥吗？或许世事人情的矛盾就在乎此呢。

范增祥一生作诗无数，诗稿多达3万余首，他常与李慈铭、张之洞等人酬唱，"生平以诗为茶饭，无日不作，无地不作"，是近代晚唐诗派的代表诗人。诗人骨子里天生就有一股傲气，范增祥对人多的是恃才傲物，有人将自己的诗作呈现给他，他稍微翻看一下，便回"诗中平仄不谐，典实误用，这样的诗，不看也罢"，让人当场下不来台。

不过对于吕碧城，范增祥却是异常温情与慷慨，他多次赠诗填词给吕碧城，情感最真挚莫过于"前身合时绛河星，锦织璇玑手不停。花在东风红间白，命如霜月素怜青。天然眉目含英气，到处湖山养性灵。自是悠仙无定在，莫疑漂泊凤凰翎。"一个动辄"不看也罢"的人竟然能对吕碧城有如此之高的评价，转换之大，实属少见。

这是恃才之人的共性，对于才气低下者，便是不忍结交，恐其降低了自己的身段；而对于才高八斗者，便觉得棋逢对手，惺惺相惜，那份爱怜，世间少有。

或许是感慨人生中遇到才华如此的人是不可多得的幸事，范增祥见到吕碧城，不由得对自己的身世发出"仆一生为人所忌，是以爱才弥切。七十以后，忽见清文丽藻不屑冠带，而属钗笄；而有孤凤高寒，沧溟万里，此亦往古人所未闻也"的感慨。

一生的功力又有谁能通透？一生的情意又有谁能领会？有些人身居高处惯了，领略够了高处不胜寒的孤独，偶然遇到一个志趣、才华相对的人，那种等待了千年之久的缘分实现，那种郁积于心的情感释放，必然前所未有，甚至有失雅态，不过管他呢。

生活中，我们不也常常有这样的感觉吗？只不过是因为常被俗事缠身，变得异常圆滑，所以这种感觉淡了很多，少了许多，这不能不说是人生一大憾事。

第二个对吕碧城非常重要的人不得不提易顺鼎了，他生于官宦之家，天生奇慧，有"龙阳才子"之称。虽然他才华斐然，却时运不济，经历6次会试都落第而归，不过后来好在官运尚可，官至二品。

易顺鼎十分关心国事，甲午战争爆发，他时常为战败独自哭泣，几次上书请战，清廷议和之后，他甚至投河自尽，好在被人救起。虽然他多方筹款，支援台湾抗日，不过终因政府无能，台湾沦陷，易顺鼎悲愤交集。

之后，易顺鼎如庐山隐居，不忍再看国破家亡，后张之洞爱才，请其出山，任两湖书院分教。1902年，易顺鼎出任广西右江道，虽然雄心勃勃，深受士民爱戴，不过因当局实属无能，命数将近，无论他作何努力，基本无济于事了。

辛亥革命后，易顺鼎得到袁世凯器重，谋得一份差事，后随着袁世凯去世而失去靠山，潦倒生活了一阵，于1920年病逝于北京。

历史的悲剧是历史的，个人的悲剧很多也是历史的。才高如易顺鼎之流，关心国事，恳切报国，然腐败无能之当局、封建帝制之落后，已然决定了他的这些努力白费，尽管有千万个如他一样的人不甘心，不过历史是不能逆流而动的。

个人与历史有着奇怪的关系，所谓人人创造历史，历史是由每个个体创造的，然而个体在历史的洪流中却又无能为力，偶有力挽狂澜的英雄，那也是秦王汉武之流，于是，历史跟个人就有了距离，特别是有人发现历史的走向距离自己越来越远时，那种焦急，那种企图唤醒的急迫，无人能比，不过就算他们懂得这一切是徒劳，他们也心甘情愿，这便是一种境界、一种赤胆忠心了。

易顺鼎很是欣赏吕碧城，将她比作是瑶池仙子，说她是再世李清照，那种奖赏，那种扶掖，可谓是无以复加。

1913年，吕碧城随着母亲来到了上海，虽然任职于总统府秘书一职，不过她将自己最重要的精力用在了"南社"上。这是一个由柳亚子、陈巢等人创办的诗社，因为创立者都是同盟会会员，所以这个诗社带有几分革命色彩，相较晚清比较保守的同光体诗要进步许多。

虽然同光体诗和南社处于争霸状态，但在一点上，南社是完全比不上同光体诗的，那就是同光体诗人中没有一位出色的女诗人，这与他们保守的主张相符，他们认为女子更应该内敛而不出格，不过在南社中，却有吕碧城、张默君等才华卓绝的女诗人。

人以群分，能够与自己志同道合的人一起，是一种难得的幸运与幸福，我们常常读到那些才华横溢的人，多的是忧郁，多的是孤寂，少有一份洒脱，少有一份放荡，这是遗憾的。显然吕碧城就是一个幸运儿，她找到了自己的胜地，并能在那里尽情地遨游，肆意地挥洒，惬意无比！

范增祥和易顺鼎对吕碧城而言，或是赏识，或是有知遇之恩，不过相较她与费树蔚的关系而言，他们的这种情感多是单向的。费树蔚才是跟吕碧城完成了真正的双向交流，有回应，有回音，彼此平等，情恳意切。

共同的经历使得他们最有共同语言，他们在总统府相识，一同共事，一起反对帝制，最后一起辞官为民。费树蔚对吕碧城的评价是"其人自守洁，见地超与人，忠恕绝去拘阂，而不为诞曼"。为了帮助吕碧城出版新文集，他抱病帮忙校对、刊印。就算是在生活细节上，费树蔚也对吕碧城关怀备至，吕碧城要赴美留学，他送上"我亦附诗将款款，银河一碧浪花微"，那种关爱，那种体贴，一般恋人也难以如此。

或许正是因为共同的经历，使得他们走得很近，必然共同的志趣也能让人跟人偶遇神交，不过那种交情太过正式，太过拘谨，只能在划定的范围内交流，一旦越界，便陡然失态。费树蔚跟吕碧城则不一样，他们有缘先在生活上有交集，无心之中见识了彼此的志趣，便顺理成章地探讨、交流，这也是最能保有生命力的友情。

都说男女之间很难有纯洁的友情，费树蔚跟吕碧城就推翻了这个世俗定律。男女情意中夹着或多或少的爱情，或是爱情企图，这实属正常，至少这是生物属性的范畴。当彼此将与对方的交流当做生命中的一部分，就能够在苦难的时候看到希望，在沉沦的时候想起未来，如果一旦将这种感情上升到男女之情，虽然在瞬间可能爆发出更美、更绚丽的火花，不过接下来的多是被生活琐事和夫妻生活所累，这已然被生活明证了。

如果非要探究吕碧城的爱情踪迹，似乎在袁克文身上可以找到一些。

袁克文是袁世凯的儿子，但他一直不问父亲政坛之事，只钟情于与诗朋词友吟诗唱词，是"寒庐七子"之一，并与张伯

第五章 遥遥楚天——海外求索

驹、张学良、溥侗并称"民国四公子"。

袁克文幼年即拜名士严修、方地山为师，在诗文、书法、昆曲上颇有建树，且爱好藏书和古玩，精于鉴赏。他的妻子是天津候补道刘尚文的女儿刘梅真，温柔贤淑，工于书法、诗词，也是一位不可多得的才女。她与袁克文夫唱妇随，琴瑟和谐，一度非常恩爱。

断然脱离父亲的影响，做自己喜欢的事情，这种人最自我，不为外人所累，不为外名所牵，只是按照自己的心性行事，或许在外人看来是一种资源浪费，不过于他自己却是不可多得的，至少他做了自己，自由而乐趣，难道不是最大的财富吗？

吕碧城似乎天然适合跟男人交游畅谈、赋诗唱词、赏琴玩棋、谈笑风生，因为她有美貌、有知识、有体魄、有气质，她早已超出那个时代一般女子的格调，没有了那份娇柔，缺少了那份柔弱，拒绝了那份弱柳扶风、泪光点点、娇喘微微。如此一来，她怎能不成为清末民初一道特有的风景。

在人们的印象之中，才女多为感性，不过吕碧城却在最应感性的情感上显得异常理性。她美丽聪慧，才华出众，少得大名；她性情豪爽，喜交际。她的身边一直不缺少企图怜香惜玉之人，不过很少有人能唤起她的情思，袁克文却是一个例外。

袁世凯出任中华民国大总统后，袁克文曾向父亲建议聘请吕碧城为女官，其实他心中的算盘是：如此便能与她常会面了！当时袁克文便住在中南海流水音，如此一来，两人常常诗词唱和，结伴出行，出双入对了。

吕碧城遇上袁克文，是命中注定的遭遇，是无法逃避的劫，成或败已经不重要了，重要的是此番经历。

普通人的爱多起于生活本身，源于尘埃，姿态低低的；吕碧城的爱显然不是起于尘埃，它早已踏上了云端，时而嚣张跋扈，时而小心翼翼，叫一般人如何琢磨！

袁克文自然知道吕碧城不是凡俗女子，一直对她敬爱有加，这岂能逃脱旁观者的眼睛？一次，费树蔚试探吕碧城是否属意于袁克文，她笑而不答，最后只回了一句："袁属公子哥，只许在欢场中偎红依翠耳。"

一个笑而不答之态，一句"只许在欢场中偎红依翠耳"，虽然表达的是拒绝之意，不过能让吕碧城有害羞之态，且愿意与之"偎红依翠"，已实属不易了。

她不会如现在的女子质问情郎一样质问他的情感内容，就算她早已脱离了世俗的桎梏，但她却揭不开自己心上的薄纱，不为别的，因为她不忍将那份自尊暴露出来。幸好没有揭开，否则，便如同那没有酿好的醋，虽有酸涩感，却不美味。

吕碧城的择偶标准其实在袁克文的《艺林散叶续篇》已有记载：一次，吕碧城与杨千里、杨云史、陆枫园等人无意中谈起自己的婚姻问题，她说："生平可称许之男子不多，梁任公即梁启超，早有妻室，汪季新即汪精卫，年岁较轻，汪荣宝曾任民政部右参议、国会众议院议员，驻比利时、驻日公使等职，擅书法，工诗文，尚不错，亦已有偶。张蔷公曾为诸贞壮作伐，贞壮诗固佳，耐年届不惑须发皆白何！我之目的，不在资产及门第，而在于文学上之地位。因此难得相当伴侣，东不成，西不合，有失机缘。幸而手边略有积蓄，不愁衣食，只有以文学自娱耳！"

按照吕碧城的所列举之人选，所框定之标准，袁克文不可谓不是最佳人选。特别是袁二公子那落拓不羁、风流倜傥的做派深深吸引着吕碧城；吕碧城那才气横溢相互眷念，似乎一切都按照爱情的路数前行。不过无奈吕碧城太过独立，加上袁克文已有家室，她是不甘心落为旁枝的，一段佳话，便不了了之了。

爱情撩人莫过于顺理成章后的不了了之，天造地设下的横空夺爱，几世修行后的断桥相会，越是美的东西，越是容易出错，也就越让人迷恋，让人胆怯。

吕碧城在旅欧期间，跟当时清华大学的教授吴宓还产生过一段瓜葛。

当时吴宓来到欧洲游历，听说吕碧城在此，便去函想要与她见一面，并自作多情为她的《信芳集》写了一篇序言。吴宓先是对吕碧城恭维了一番，继而写道"集中所写，不外作者一生未嫁之凄郁之情，缠绵哀厉，为女子文学中精华所在"。

虽然吴宓所写基本属实，但提及爱情之事，无疑触碰了吕碧城最敏感的神经，结果惹得她十分不快，还回函斥责，认为是有意侮辱她。好在吴宓有耐心，去函耐心解释，加上吕碧城此时年纪大了，脾气自然小了不少，不再计较。从此，两人有了书信往来，不过却终究没能有一面之缘，这成了吴宓终生的憾事。

对女人爱情的神经，基本还是不要触碰的好，不管吕碧城如何坚韧自立，但她终究是个女人，爱情无疑也是她情感的最后底线之一。然而俗世中的爱情是依赖、是束缚，而吕碧城理想中的爱情却是天人合一，这让她不敢轻易碰触爱情，但这并不妨碍她对爱情的向往。正是这种分裂，使她受伤，踏上了一叶小舟，却找不到顺水行舟的岸，好不容易在诗词中抓了一剂

第五章 遥遥楚天——海外求索

疗伤的药，却被吴宓将伤疤揭开，她岂能不火？

对女子而言，爱情与婚姻似乎是她们怎么都摆脱不了的人生环节，就算是她们自己看开了，也难以避免世俗对她们的"拉郎配"。特别对于那种才华与美貌兼具的女子，就算她有十二分的力气，又怎么能够挣脱得了世俗的藩篱呢？

吕碧城就是一个典型，她一生未婚，这原本是人生一个小环节，却成了世人解析她人生的起点和落脚点。似乎谈及吕碧城，不言说她几句"绯闻"，便注定落伍。

其实也难怪，吕碧城姿容优雅，生活交往不乏名士，然众多人选，竟没有一人能入其法眼，实在叫人难以甘心。

不过这一切又似乎是必然，吕碧城少年得志，性格未免独立偏执，加上她才华卓绝，让人难以企及。她就像时下都市中的女金领：事业、才情、样貌、金钱样样不缺，虽说时下性别差异早已淡然了许多，不过这种女子，男人多半还是敬而远之的，又何况是在近100年前的清末呢。

凡是女子，都渴望相遇一段最美丽的爱情，都希望匹配一个最如意的郎君，古今中外都不能免俗，吕碧城也是如此。虽然她曾对自己失利爱情以"有失机缘"来总结，不过谁都能在其中读出那丝淡淡的伤感，那份不甘的无奈和酸楚。

琴瑟和谐,白头偕老,又岂止是哪一个女子独有的人生期盼?才女的人生理想也会与普通人在某些方面交集,只不过当吕碧城想要低下身段做一个普通人的时候,她已经不能了,她的人生只能在虚与委蛇中度过,错了就错了,失去了就失去了,老去了就老去了,死了便死了吧!

第六章

心字成香
——词坛古舞

I / 词坛舞者

晚清末年，有两个女子在男人堆里分外抢眼，一个是秋瑾，另一个是吕碧城。如果说秋瑾将民族主义信念贯彻到了极致，那吕碧城则是将个人主义的性格魅力发挥到了透彻。

诗词一旦跟女人沾上边，那种独有的浪漫便不言而喻，不过对吕碧城而言，除了这份浪漫还始终保留一份清醒。她懂得在诗词中抒发自己的小感怀，她亦明白自己永远也脱离不了现实，虽然表面上看她一直游离于现实之外。她不会将自己隔离起来，让自己独上高楼，无病呻吟，她将家事、国事、天下事融于诗词之中，在那些烦扰而又清静的日子里从笔尖缓缓落到纸上。

历代文学作品中，烟雨一直充当着撩人情绪的引子，也难怪，如果有人在晴空万里中幽怨，那他只能算是疯子而算不上文人了。吕碧城当然是一个文人，她会在烟雨连绵的时候煮一杯咖啡，若有若无地释放着自己的心绪，而任凭时光伴随着钟表的指针嘀嗒前行。

中国古典文学之所以能让人"捉摸不透"，关键在于它有一套独特的语码系统，每一个词语都被赋予了好几倍于词语本身的意义，且在不同的境遇有不同的解释，这便增加了那种"捉摸不透"。

"梧桐"不止是一棵树，"潇湘"不单指两条河，"峨眉"并不仅仅指那一座山。有人说文化是相通的，是吗？不见得，你是不是见过一些将中国诗词翻译成英语的作品呢？我想稍懂文学意味的人便不齿于这种翻译，因为就算是最精通两种语言的人翻译出来的仅仅是词句而已，而那种意境，已经索然无味了。

就算是中国人本身，倘若你没有能够跟词人神交，你都难以理解其中的意境。

"碧城"就是一个让人感受到清冷高华的词，这是因为会受到李商隐的"碧城十二曲阑干，犀辟尘埃玉辟寒"的引诱，恍惚之间，感觉以此做名的人，其藐姑射山中神人乎？

女子一旦跟诗词沾染上，总能在其中找到一份寂寞和凄凉，李清照已经不必说了，她也曾"天接云涛连晓雾，星河欲转千帆舞"，那种气势，那种魄力，岂是一个女子能够担当？不过到后来，她还是难逃女子的宿命：新来瘦，非干病酒，不是悲秋。

那我们再来说说吕碧城吧，她才貌双全，一生写诗作词不少，或同情弃妇，或歌咏思妇。似乎是才华掩盖了她的心绪，其实在她内心深处又何尝没有一般女子的那份孤寂与苦楚呢。

吕碧城始终脱离不了女孩的角色，她跟所有的女孩一样喜欢做梦，喜欢自我沉迷，所以我们读起吕碧城的诗词来，不管是如何重大的主题都能体会到其中淡淡的柔情。一读便会记忆，这便是吕碧城诗词的功底所在。对于吕碧城的词，凌辑民在《欧美之光》的序言中如此写道："读女士词，叹为三百年第一人云。"

其实吕碧城不仅在词上颇有造诣，她的诗歌水平也是十分了得，只是被她的词掩盖，不为多人知晓而已。吕碧城年幼的时候就师从诗坛名宿孙师郑学诗，正是在这位大家的指导下，吕碧城从小就打下了非常好的诗歌底子。

吕碧城身上的那种幽怨或许更多的来自于后人的演绎，彼时彼刻，她也许有过怨，起过恨，但是她哪能如同我们这般凡夫俗子当即落泪或是痛哭呼号，她只会将其藏匿于心匣之中，隔段时间，拿出来看看而已，所以她的这种幽怨注定是淡薄的，注定是

第六章　心字成香——词坛古舞

毕生的,这不也恰好契合了她作为一个词人应有的格调吗?

词跟诗比较起来,似乎跟女人更为有缘,它以前多是写给那些歌女进行演唱的歌词。这样,词往往是以女人的立场、角度和口吻来诠释爱情、别离、闺怨等主题的,最为典型,莫过于李清照。如此看来,词更适合女人写,因为靠男人代笔,他们总会将自己胸中的块垒若隐若现地通过女人的话语带出来,就不那么纯粹了。

中国的女性文学从明末到清初是勃兴期,到了清朝中期进入一个创作高潮,涌现出如徐灿、吴藻、顾春等一批杰出的女词人,吕碧城俨然很好地继承了这种传统,掀起了词创作的一个小高潮。最为可贵的是吕碧城的词较其他的女词人有较大的突破,她将个人的情感跟国事、家事紧紧地融合为一体,使得词的容量更大,内容更丰富,情感更真挚,气势更宏伟。

此时的吕碧城,其眼界已大为开阔,词境也随之大开,她走到了一个前人没有企及的境界;她在那里演绎了自己雄伟奇诡、典雅流丽、跌宕多姿的艺术风格;她将吟咏的内容和国家的运脉联系到一起。

有人将吕碧城与易安相提并论,说是"足与易安俯仰千秋,相视而笑",还有人说她豪拓的气概直逼李白,钱仲联给她的评价是"尽足资谈艺家探索也"。

吕碧城的词很好地融合了"婉约派"和"豪放派"的风格，她虽然反对千篇一律的闺人口吻，却也不主张"言语必系苍生，思想不离廊庙"；她主张词要写真性情，又不能刻意模仿男子。如此一来，吕碧城的词多有感怀，多有伤春，却又能在其中找到深意所在。

婉约也好，豪放也罢，都敌不过真性情。对于文学而言，能够做到恰好地文能达意就是最高境界了。不过这可难为了吕碧城，这源于她的个性、她的才情、她的经历、她面临的人与事、她生活的时代……

吕碧城率真、腹有诗书气自华；吕碧城早年颠沛流离、看尽人世沉浮，吕碧城的时代，当局者腐败无能……这一切都融进了她的诗词之中，要想用一种性情表达出来几乎是不可能的，恰好是吕碧城，也只有吕碧城用一句句的诗，用一阕阕的词将心中的块垒表达出来了：

江湖以外留余兴，脂粉丛中惜此身。谁起平权倡独立，普天尺蠖待同伸。

第六章 心字成香——词坛古舞

早在 1905 年，吕碧城就在《书怀》中抒发了如此的大志向，这种慷慨激昂必然成了她作词的主旋律，这在那个忧郁没落的年代引得多少人注目啊！

不过吕碧城终究是女儿家，她纵有冲天豪情，那种多情缠绵还是不可避免地跳进了她的词中。一方面，她隔绝俗念、六根清静；另一方面，她又难挡世俗爱与美的诱惑，这种矛盾让她一生难逃忧郁缠绵，不过又让她参透红尘世事，幸与不幸参半，人生大抵如此！

对于新生活，吕碧城曾义无反顾地追求；然而对于新文学，她又坚定地拒绝，这种矛盾、这种执著与保守看似矛盾，实则是来自于她对古典诗词的热爱，不过就是这种热爱让词在吕碧城的身上终结了。

当年南社著名诗人林庚白将吕碧城视为"故士绅阶级中闺秀也"，是的，如此风华绝代的女才人却没能成为新文学中人，这不失为一种遗憾。这种遗憾是诗词界的，因为她让词就此终结了；这种遗憾也是新文学的，因为它看见如此一位才女站在对立面。可是对于吕碧城本身呢？却不一定能说是一种遗憾，她没有义务背负如此沉重的历史责任，她要的只是自我的张扬与畅快，这算得上是遗憾吗？

盲目地热爱就像是一种迷幻之药，它会隔绝除了它之外的一切，就算你是一个有风骨的人，一旦沾染上热爱，便会在热爱的对象前瘫软成一摊泥，虽是失态却是幸福地"晕倒"。

都说"文章本天成，妙手偶得之"，其实是一种误解，芸芸众生，又有谁天生是天才，只不过世人更喜欢欣赏舞台上翩翩的舞者，而不大留意那起早贪黑的练功人罢了。

都说吕碧城才气过人，离群索居，但是我在读她的时候，更多的见识了她女子的属性，她从来不委曲求全，她从来都是不卑不亢，这是她的个性。不过她的一切个性都是附着在女子身上的，于是她如此高洁，如此果敢，这不就是一个聪慧女子该有的选择吗？

吕碧城的文气，是跟她的出身与家教分不开的。她出身书香世家，父亲吕凤岐是进士，曾任职翰林院、国史管协修，藏书3万余卷。她母亲严士瑜，亦工诗文。她们吕氏姐妹4人皆是文采出众。如此家学熏陶，出现吕碧城这样一个词中翘楚也就不足为奇了。

你可以想象在那个云雾升腾的清晨，在那个落霞挂满天边的黄昏，在那个皎洁如水的月夜，年幼的吕碧城手捧一本线装书，咀嚼其中的字字句句，那个意向，想想都觉得美极了。

第六章　心字成香——词坛古舞

不过吕碧城跟书结缘，不知道是幸还是不幸，幸运的是从此打开了她的视野与思库，使她走到了时代的前列，成了世俗的引领者；不幸的是她太过聪慧，一点就透，结果茕茕孑立，孤苦一生。

命运，深深地嵌入了吕碧城的诗词，而她又通过吟唱将这种情感传递给了懂她的人以及懂得那个时代的人。不过就算是最好的通感能手也只能触及她情感的边缘，至于里面有多广、有多深，似乎是永远的谜了。

外界的一切事情都可能触碰到吕碧城心中的情弦，她在塘沽舅舅家寄居的时候，听到秋雁的鸣叫，想起自己凋零的身世，便作了一首《清平乐》：

冷红吟遍，梦绕芙蓉苑。银汉恢恢清更浅，风动云华微捲。

水边处处珠帘，月明时按歌弦。不是一声孤雁，秋声那到人间。

虽是简单的描述，也无华丽的语言，不过却是对那种种情境做出的最好注解："不是一声孤雁，秋声那到人间。"孤雁与秋声成了必然的因果，其实孤雁是孤雁，秋声是秋声，它们本该是平行的，一起到来。不过在吕碧城心中重点关注的是那些曾经与孤雁为伍的那些雁呢？秋怎么这么快就到来了呢？谁知道呢？这恰恰就是她不解的心结吧。

那时候，天空或许正下着蒙蒙细雨，吕碧城有了难得的清静，一个人倚窗而坐，从文字到音乐，从现实到梦境，从昨天到明天，她思绪乱飞，没有任何逻辑。她或笑或颦，稍许，化作绝美的诗词，从她的笔端流出，由她的心湖荡漾开去。

天气微凉，丝丝寒意透过那带云状图案的帐子，达致肌肤，更嵌入心底；点燃的燃香，缕缕漂浮过窗口，扩散殆尽，不绝如缕。凭窗而视，那姹紫嫣红的花朵在雨中摇摆，吕碧城竟然起了一丝担忧，是怕花被雨打凋零。她岂不知，花能谢了又开，恰好是她自己，人生就此绽放一次，却错过了季节，等待她明年此时再凭窗凝望的时候，恐怕就是花替她愁了！

才高人畸零。吕碧城能够将诗词作得如此婉丽动人，却没有办法唤醒那无数怯弱的同胞；她能够叱咤风云，冲锋陷阵封建礼教的战场，却无法调控自己的情感走向。最后，她只能"文学自娱"了，文学成为了她受伤情感疗伤的方式，一首诗、一阕词，让人时而温暖，时而薄凉，只是吕碧城自己终究孤独

第六章 心字成香——词坛古舞

一生，虽然度尽世间人情，却止不住自己流淌不止的悲伤。

虽然有人对吕碧城的词的评价很高，甚至将其推为李清照后第一人。不过那多是学者行家的看法，如龙榆生之流；在普通读者眼中，吕碧城的名气远远不及易安、顾春、徐灿等人。

是吕碧城在词上的造诣不够吗？不是，而是凡俗之人多将关注的重点放到了她的人上而不是词上，对与她情感有关的一切的关注远胜过她在词上的意境。特别是在男权社会，才华只能算得上是一种脂粉，装点的并非清词丽句而是韵事谈资。

如此一来，能在青史中让人念念不忘的多半是些妓女，相较而言，吕碧城虽有姣好的面容却谈不上美艳，虽对爱情渴望却无风流情事，虽然才气逼人却脾气孤僻，所以她身后寂寞也在情理之中了，因为她跟大众的"审丑"确实有些偏离了。

吕碧城之词大放异彩全在一个"奇"字上，回眸词史，能配得上这个字的词人并不多，苏东坡算一个，吴梦窗算一个，吕碧城算一个，东坡之奇在胸襟，梦窗之奇在笔力，碧城之奇在视野。世人对吕碧城的赞誉、微词，艳羡、青睐都源于这个"奇"字。

对词之历史，启功先生一语化繁为简：唐以前的诗是长出来的，唐代的诗是嚷出来的，宋代的诗是想（一作"讲"）出来的，宋以后的诗是仿出来的。

词在唐宋走到了鼎盛，之后便越来越衰落了，路越走越窄了，似乎走到哪里都有前人的脚印，那些灵光的话都让宋人给言尽了，后辈词人绞尽脑汁只落得个东施效颦的尴尬。

幸好还有吕碧城，她无心与宋词较高下，却以文字无声地宣告了自己"别是一家"的独立与特殊。每每翻阅她的词章，已经过久疲惫于春啼秋怨的双眼终于一亮：原来词章还能如此别出机杼！原来词中还有如此天地！无论是 Mont Blanc 冰山和日内瓦湖，香蕉冰激凌和塑料雨衣，幽禁 Jane Grey 公主的伦敦堡，罗兰夫人与圣女贞德还是大风雪中横渡英吉利海峡都成为吕碧城作词的对象，并且就在这种写景、状物、吊古、怀人与记游中让自己的风格淋漓尽致，让自己的才华展露无遗！

中国历代皆不缺乏"闺秀文学家"，但能走出闺阁的却少之又少。她生活的那个时代，正处于新旧交替，这恰恰造就了她的唯一：她思想开放却又拒绝新文化，她情感凝缩却又游遍欧美，她女子之身却豪情奔放……于是皇皇一部词史，只为我们留下了一个吕碧城。

词如其人，词见人生。吕碧城词中的"志气"、"怒气"、"悲气"与"文气"其实都是她心灵在词上的投射而已。在那个动荡的封建王朝末期，就算是她的词中有那么一丝小可爱，有那么一点守旧，终究是瑕不掩瑜，吕碧城本人连同她的词必定会远远流传后世，正可谓是：一枝彤管挟风霜独立裙钗百兆中。

女词人吕碧城如此才华卓绝，在常人看来，她似乎一直高高在云端，总有那么些好奇、好事的人，有人是不是在想：吕碧城走起路来会是什么样子的呢？这可不是胡思乱想，是有根据的，谁叫叶楚伧写过一首诗呢？

面庞爱看马君武，身段还慕吕碧城。
夜半时闻学苏白，小东门外认前生。

这其实是叶楚伧讥嘲成舍我的一首诗，成舍我是何许人也？他本名成平，年轻好动，是《民国日报》的小伙计，又是报社记者。

叶楚伧把成舍我生活中的几件事组合起来，开起他的玩笑来。其他不论，我们来看看跟吕碧城有关的那句吧。

"身段还慕吕碧城"，说的就是成舍我喜欢在背后模仿吕碧城走路的样子，模仿得惟妙惟肖，稍微带点儿夸张，便引来大家呵呵一笑。

为什么单单模仿吕碧城走路呢？那肯定是因为她走路有独特之处，异于常人，这才能引得别人模仿。

有什么独特之处呢？是瘸子、跛脚、外八字、内八字？似乎都不是，这更加增加了我们的好奇，一直在脑海中幻想吕碧城走路的方式，不过因为彼此生活在不同的时代，且又无法借助现代的科技，我们便只能在这种无尽的遐想中一点一点地让吕碧城占据自己的内心。

1927年，吕碧城到伦敦留学，不知道是不是不习惯异乡漂泊，生活无忧无虑的她竟然产生了莫名的惆怅，当下便作了一首《相见欢》：

闻鸡起舞吾庐，读奇书。记得年时拔剑斫珊瑚。
乡雁断，岛云暗，锁荒居。听尽海潮凄壮心孤。

那是怎样的一种豪情壮志啊！不过其中的丝丝哀愁，谁人能解？

很多人喜欢将吕碧城跟李清照进行对比，其实人们也只有兴趣将她和李清照作对比。

沈轶刘就曾说"清代妇女之词，数量多，分布面广，其间

第六章 心字成香——词坛古舞

特出颖异，无脂粉气而抗高格者，首推初期之徐灿与末期之吕碧城。然徐仍不能脱旧习，吕则陆离炫幻，是炳天烛地之观。其词积中驭西，膏润旁沛，为万籁激越之音。寓情搴虚，伤于物者深，结于中者固，日出日入之际，其哀刻骨，有不可语者在。使李清照读之，当不止江寒水冷之感。……其人其境，李可仿佛，其词所造，广度与深度，则非李可及。盖经历学养，相去悬殊也。"

潘伯鹰则说"吕碧城生于海通之世，游屐及于瀛寰，以视易安，广狭不可同年而语。词中奇丽之观，皆非易安时代所能梦见……其在诸外邦纪游之作，尤为惊才绝绝，处处以国文风味出之，而其词境之新，为前所未有。……"

李清照的幽怨是个人的，吕碧城的惆怅则是大家的，她俩的对比已经完全超越了技艺，对于情感却又是不同的映照面，如何对比？

李清照是个不折不扣的宅女，不问世事，不管红尘，自顾将自己的心缩得小得不能再小，只为某一个人而留，只为某一种情感开启；吕碧城却一直走在风雨的凡尘路上，见客来客往，她将自己的心放得越来越大，企图包容所有的情感，自己的、亲人的、陌生人的、国家的、民族的、人类的……

李清照跟吕碧城走到了情感的两个极端，可惜她们没处在一个时代，没能相遇，不然让她们站在彼此的点对望一下，那将会是怎样的一种情形呢？

综览古今，多少诗词都是悲秋之后的缠绵流连，或许那是适宜诗词生长的沃土，于是便有了屈原的"袅袅兮秋风，洞庭波兮木叶下"，庾信的"树树秋声，山山寒色"，杜甫的"老去悲秋强自宽，兴来近日尽君欢"，欧阳修的"噫嘻，悲哉！此秋声也，胡为而来哉？"徐再思的"一声梧叶一声秋，一点芭蕉一点愁，三更归梦三更后"，无一不是悲秋之后的性情大释放。

不过吕碧城显然不属此列，她没有选择适宜诗词生长的沃土，而是偏偏挑选那贫瘠之地，这样长出来的诗词虽说不如沃土生长出来的那般丰腴，那么硕壮，但瘦骨嶙峋中透露出的那股硬气是其他诗词无法攀比的。

当然，吕碧城的词也些许透露出悲秋的情怀，但一句"今宵何处驻征鞍？一鞭遥指青山小"便将那种悲秋情怀逼仄到了一个小角落，我们看到的是一个戎马少年扬鞭奋蹄，驰骋疆场，越过小小青山，渐次消逝，那种豪迈，那种畅快，你何尝能在其他词中感受得到？

芸芸众生之中，人最多情，也最无情，多情在于万事万物都

第六章 心字成香——词坛古舞

能在心中荡起涟漪，无情在于一切的涟漪都是以自我情感为点而荡漾开去。世上自是有很多让人喜欢的事情，此时便觉世事如此美好，眷念无比；世事也多有让人生厌的时候，此时恨不能从凡尘中抽离出来，隔绝自我。其实不管你是李清照也好，或是吕碧城也罢，每个人都是在人生的舞台上扮演不同的角色而已，至于你演得到位不到位，不是你说了算，而是观众说了算。

吕碧城能够让最平常的事物入词，这似乎是她的最大特点和才华之所在，且这种"以新入旧"显得贴切、风趣，如《望江南—瀛洲好》：

瀛洲好，辟谷饵仙方。净白凝香调犊酪，嫩黄和露剥蕉穰。薄膳称柔肠。

说的是香蕉冰激凌。

瀛洲好，衣履样新翻。橡屧无声行避雨，鲛衫飞影步生烟。春冷忆吴棉。

说的是橡胶雨鞋。

瀛洲好，笔砚抛久荒。不见霜毫鸲眼璨，惟调翠沨蟹行长。绕指有柔钢。

　　说的是自来水钢笔。

　　谁说文人是脱离生活的？看看吕碧城，不如此生活化吗？只要有情意，就算最小、最普通的东西都能附上情感。正是这样的泛情，让文人如此"多心"。

　　对一般人而言，一个冰激凌、一双雨鞋、一支钢笔，哪有什么诗意可言？哪有什么可关注的必要？它们只能永远地外在我们的生活，虽然一直在身边，如此粗心大意怎么能跟词人相比呢？

　　可不要以为吕碧城的这些功夫是天生的，她从小受到父亲的熏陶，父亲藏书过万卷，由此让她打下了深厚的国学基础。虽然她精通外文，却反对读书人对国学一知半解，她还竭力反对白话文。

　　在欧洲留学期间，吕碧城更是创作了大量的诗词，那个时候，诗词的意境之新是前所未有的。在吕碧城之前的康有为等人也曾游历各国，并留有诗文，可基本跟吕碧城不在一个水平线上。让我们来看看她的《玲珑玉—阿尔伯士雪山游者多乘雪橇，飞越高山，其疾如风，雅戏也》：

谁斗寒姿？正青素、乍试轻盈。
飞云溜縡，朔风回舞流霙。
羞拟凌波步弱，任长空奔电，恣汝纵横。
峥嵘，诧遥峰、时自送迎。

望极山河羃缟，警梅魂初返，鹤梦频惊。
悄辗银沙，只飞琼、惯履坚冰。
休愁人间途险，有仙掌、为调玉髓，迤逦填平。
怅归晚，又谁楼、红灿冻荣。

这是怎样的一种洒脱，她将滑雪女子轻盈优美的身姿跟皑皑冰冷的白雪相对比，这是人在艰苦环境下寻求乐趣的一种智慧和洒脱，跟那些只知道幽怨花谢月缺、愁红惨绿的悲催之词相比，其意境之高，已无须言说。这就是吕碧城，这位晚清首位女词人的独特风采之处。

不光在内容意境上，在遣词造句上，吕碧城也是一流高手，她随意拈来，既典雅又不做作，既有传承又不落窠臼。

唯美、超越、冷艳是吕碧城诗词的文风特点，超越时俗是吕碧城诗词的激情所在，她将时代的风云、欧风美雨如此巧妙地融入到了自己的笔触，她写尽鲜活的风光事物，道尽忧国忧民的博大情怀，她走出儿女私情、风花雪月、伤春哀怨、身世感怀、闺阁情丝，走进波澜壮阔、奇妙多姿的新境界。

钱仲联先生就曾如此评论道："地阴星母大虫顾大嫂吕碧城圣因近代女词人第一，不徒皖中之秀。"

吴宓对吕碧城的词这样评论："予平日论诗词同，恒主以新材料入旧格律……独有深契于心，自谓其技术及内容，颇多精到之评解。"

评论家陶杰说，吕碧城的词"并非首首闺秀纤巧，而是烙印了时代的烽烟。手笔婉约，别见雄奇，敏感玲珑，却又暗蓄孤愤。"

诗人易实甫曾称赞道："其所为诗文见解之高，才笔之艳，皆非寻常操觚家所有也。"

时光悠悠，将近一个世纪的光阴就这样过去了，不过人的记忆似乎比时光跑得更快，100年前的那位绝世才女，如今几乎快要被世人忘却了，殊不知，100年前她是受尽了怎样的溢

第六章 心字成香——词坛古舞

美之词啊！

"一枝彤管挟风霜，独立裙钗百兆中"是寿椿庐主对她的赞美；"绛帏独拥人争羡，到处成推吕碧城"是缪嘉蕙对她的定论；"足以担当女诗人而无愧"是柳亚子对她给出的评价；"十三娘与无双女，知是诗仙是剑仙"是苏氏对她的认同……不过这一切都被时间的利刃给一点点削掉了，倒不是说吕碧城的斐然才华在当今算不得什么，更多的在于时下又有几人懂诗懂词。如果说100年前还有人装模作样地附庸风雅，那今世这种人就少了。

翻看中国文学史，女性之书写风格多与阴柔相连而与阳刚无关，这当然并不能完全归于男女生物属性的区别，而在于女性被当时社会风气所裹挟。只有吕碧城，得益于早年博览群书、出国游历，无论是眼界还是心界都远宽于一般女子，于是她的诗词涉及了人格尊严、自由权利、救国救民，她挣脱了那时的社会风气，以一个无比自由的姿态站在男性权利话语之外，发出几多启蒙之音。

又有哪个作家在写作时不会从自己的经历中抽取情感和记忆呢？要感染别人，却要先折磨自己。吕碧城也不能逃离这种宿命，何况她还是一个写诗作赋的人。

她一遍又一遍地触碰心中的那道伤痕，刚要愈合又被撕开，或许她已经习惯了那种痛，但要命的是那种触碰已然成为了一种习惯，她想改都改不掉了，如果有一天心没有被刺痛，那她便觉得不是真实的自己了。

"花在春风红间白，命如霜月素怜青。天然眉目含英气，到处湖山养性情"是郑孝胥对吕碧城真性情的描述。其实也难怪吕碧城能有如此性情，难吗？不难，因为这是她自然而然气场的释放，她坚持自由，追求平等，对生活豁达，对新事物易于接纳，如此一个女子，又有几个男子能比？也难，因为她必定要突破世俗陋见，必然要接受世人眸凝。

"真"乃评判一切之最高标准，无论是看得见的物体，还是不可见的性情。因为"真"顺应了宇宙万物，是什么，它就是什么！最简单的语言，却是最深刻的哲理！吕碧城就是一个很"真"的人，特别在诗词上，她表露真性情，抒发真感情。因此，即便是经历了百年时光，重新品读吕碧城的诗词，仍然能引发心灵共振。

其实吕碧城并不只是一个在诗词上有才华的女子，她的文章写得也非常好，她还善于治印，还喜欢丹青，只是这一切都被她词上的造诣给淹没掉了。

II / 天生情感劫

我们不得不承认，吕碧城是一个才华斐然、意境高远的女子，仿佛她有源源不断的诗意般的智慧流出，这样的一个女子怎么能缺乏爱情？人们多么希望她能找到一位才华横溢的男子相守一生，否则便是辜负了她那不可替代的风华和韵味了。

吕碧城的婚事得到多人的关心，其中最为着急的要数她的恩师严复了。吕碧城在天津师从严复，当时的驻日公使胡惟德断弦想要再娶，严复便有意撮合他跟吕碧城联姻，不过当胡惟德向其提起时，却遭到了吕碧城的严词拒绝。

后来吕碧城的母亲和姐姐都曾劝说，毕竟胡惟德无论从哪方面看都是少有的好男人，但吕碧城都一一回绝了。后来也有多人关心过吕碧城的婚事，企图成人之美，但终因吕碧城的不合作而告吹。当严复见到如此才华与容貌具备的女子却在婚姻上一筹莫展时，叹气道："心高气傲，举所见男女无一当其一意者。吾尝劝其不必用功，早觅佳对，渠意深不谓然，大有立志不嫁以终其身之意，其可叹也。"

相较于吕碧城，严复对于婚姻的理解显然要现实、具体得多，他曾劝说吕碧城"不必用功，早觅佳对"，吕碧城不但不以为然，还有"不嫁以终其身之意"，让严复很是无奈。

对于婚姻，吕碧城一向谨慎，她不想如常人一般，虽然两人不适合，却因为浓情所致，草草结婚，等到彼此觉得不合适时，苟且一生。她要的是一辈子一心一意，不能让婚姻限制了自由。

行事果敢、不遵礼法是吕碧城一向的风格，但对婚姻，她却如此理性，让人有些始料未及。不过正是这种理性，让她对情感一直抱着一种审慎的、若即若离的态度。

或许在我们看来，一个面容姣好、才华卓绝的女子在感情之事上斤斤计较，颇让我们失望，原本期待她能突破世俗，轰轰烈烈大爱一场呢！其实，吕碧城如此理性不正是对爱情的一种尊重和执著吗？她将爱情的分量看得很重很重，一旦弄错或者失去，她是不敢想象的，那种如履薄冰的状态恰恰是她对待

第六章 心字成香——词坛古舞

爱情的心迹，又有几人看出来了呢？

其实爱情之事又怎么能够替别人着急呢？哪个女孩没在心中幻想过会在生命中遇到一个白马王子，享受着并肩行走的喜悦、体会着十指相扣的温暖、背靠背谈论着青春梦想？不过这一切的前提都需要遇到那个对的人，这个人是谁，只有自己知道！

吕碧城所生时代，婚姻基本都是父母包办，她也曾与汪家有婚约，但当她家家道中落，汪家就退了婚，之后也再难找到门当户对者。之后吕碧城在十里洋场大有作为，腰缠万贯之后，却又让大多的男人望而却步了。如此种种，吕碧城的婚事就此耽搁下来了。

有人痛惜吕碧城的感情结局，其实这一切又都在冥冥注定中。如此优异的女子，到哪里找足够优异的男子匹配呢？"年光荏苒，所遇迄无惬意者，独立之志遂以坚决焉。"这是一切真正懂得爱情哲学的人的爱情宣言，我欣赏吕碧城那种宁缺毋滥的倔强，她的那种挑剔的范儿，又有几个人能读懂呢？如果世间有一个把盏的时候当我是兄弟，柔情的时候当我是唯一的人，我愿意等待……

最美的爱情就是在对的时间遇到对的人，一个在那里等待，一个在那里寻找；一个向前凝望，一个恰好回眸，四眼相对的一刹那，心中的那根情弦便被拨动，一曲梁祝便奏起来了。

或许一个眼神，就能爱上一个人；不过要诠释这份爱，却需要一生的时间。不要责怪那萍水相逢的转身离去，也无需羡慕那刻骨铭心的地老天荒。每个人都有自己的选择，有人喜欢昙花一现，有人喜欢海枯石烂，其实只要是用心育真爱，时间已不成问题。

不过吕碧城却没有能够在对的时间遇到对的人，她似乎根本就不敢苟同现实中的情感，于是你能看到她隐隐约约地在回避、在逃离，到了一个无人的地方，停下来，又一遍地幻想那最浪漫纯真的爱情。

吕碧城心中的爱情必然是身与身的相对，心与心的相倾，这着实太少、太难。如同当下都市中的"白骨精"一样，自身是白领、是骨干、是精英，要到哪里才能找到能入法眼的人呢？男人天生胆怯女强人，而吕碧城走到了所有男人前面，结局就无须再论了。

闻名卓著、资产丰厚的吕碧城，其实在婚姻问题上，对物质和权力的要求甚是简单，因为她看重的是能否在精神上琴瑟合鸣，心灵上息息相通。这样的人，吕碧城并不是没有遇见，

第六章 心字成香——词坛古舞

在她那交往的高层精英男性圈里，要找出这样的几个心灵伴侣并非一件难事。不过无奈这些男人大都不能突破时代的羁绊，况且自古文人皆多情，如此一来，三妻四妾便正常不过了。但这对主张女性解放的吕碧城而言是无法接受了，于是本该有的那份情意也慢慢阻隔开了。

有一件事可做此证明，早年，吕碧城曾与诗人杨志云情投意合，"诗简往还，文字因缘，缔来已久"，不过这一情感在杨纳妾之后便戛然而止了！

其实就在当下，又有多少男人能真正做到情感唯一呢？在他们心中，必定数次幻想时光能回到三妻四妾的年代，最后只是在老婆大人的呼号中破灭而已。这或许不能完全归罪于思想的守旧，还跟生物属性有关罢了。

爱之切，便会爱屋及乌，爱上一个人会顺带爱上他所喜欢的一切。

就算他走了或者是彼此不能在一起，我们也会为那个城市、那些日子而牵引，怀想跟他有关的一切，构想出一个虚幻的他来，从此不再别离，不再想念。

虽然吕碧城终身不嫁，成为一大憾事，不过这反过来恰恰造就了她特有的词人风格，她用诗词来填补自己的感情空白，以诗词来寄托自己的生命感悟,她那传世的400余首诗词中,哪一首不是她生命的呼喊、心血的凝聚、灵魂的拷打?

对于婚姻,吕碧城的态度非常有意思,她自己对于一直未婚却有清醒的认识:"生平可称许之男子不多,……因此难得相当伴侣,东不成,西不合,有失机缘。"

爱情的表象都是一样的:烟雨中牵手同行、长椅上温柔相依、菜市场携手归来、红尘路一起走过……爱情的实质也是一样的:情投意合,郎情妾意。要到哪儿去找这么情投意合的人呢?特别是对吕碧城这样一个才华、容貌都绝佳的人而言,想要找到称心如意者太过困难。但吕碧城还是将爱情看得太重,固然爱情讲求门当户对,但它毕竟是情感之事,有缘相逢,走过一山一水,有过快乐点滴便足够了,何必要求那天长地久呢?

吕碧城虽然自己是一个女性主义者,常为解放妇女奔走呼号,但她骨子里却是一个非常传统的人,她认为婚姻最好由父母包办,原因在于父母会为子女着想,不会轻率行事,因此也就不容易犯错。年轻人自由恋爱,容易被一时的热情冲昏头脑,短时间的情意浓浓,觉得非他(她)不可,不过在外人看来很是不合适,婚后才发现诸多矛盾,日久生厌,为时晚矣。

其实何尝又不是呢?爱情多是柏拉图,婚姻多是现实,两者的差别很大很大，但世人多将两者混合，或者将其视为前因后果，于是一出出的情感悲剧也就上演了，且前仆后继！

不过对于红尘生活，越是明白人，烦扰也就越多，凡事他都能了如指掌，他都能参透全部，生活少了很多期许，多了很多必然的不快，这或许是上苍对过去聪明者的一种惩罚吧。倒是那些稀里糊涂的平凡人，或跟着感觉走，或随波逐流，虽然也有分分合合、阴晴圆缺，不过一个小小的惊喜就能抹平这一切，这便是凡尘的快乐。吕碧城是享受不到了，谁叫她太过聪明呢？

我们常常扪心自问：我们心中还有爱吗？我们的心还如此柔软吗？其实我们的心一刻也未曾变化，只是我们背负得太多，而又不舍得放弃，最后只得让背负的东西将我们的心压缩得再也不能激动，再也不能兴奋了。倘若能如吕碧城一般，瞬间全盘放下，那需要多大的一种智慧，多大的一种勇气啊！

我们正在变得过于"腼腆"，许多困境已经不愿意直接去面对；我们正在变得过于"急功近利"，许多忧愁不愿意点点滴滴地消融。只等到一场大灾难来临，如同肿瘤一般，系数割去，却不知这是冒着多大的风险呢。或许肿瘤已经恶变，或许它已浸染了你的灵魂，到那时再懂得时间如流水的意义便太晚了。

虽然吕碧城一生独身，但她却是一个富有感情、憧憬爱情的人。其实她心中也有自己理想的爱人，只不过因为她性情高超绝俗，难得如意郎君啊。对于爱情，她曾写过一阕《浣沙溪》：

残雪皑皑晓日红，寒山颜色旧时同。断魂何处问飞蓬？
地转天璇千万劫，人间只此一回逢。当时何似莫匆匆。

这是一个什么样的场景呢？吕碧城正万般凄凉地踽踽独行在冰雪覆盖的群山之中，巧遇一位让她怦然心动的男子。不知是他那风流倜傥的外表还是他那音容笑貌迷住了她。不过他们最终却只能擦肩而过，留给吕碧城的只是"何似莫匆匆"的自责。

看来她心中的爱情是如此的浪漫，是如此的可遇而不可求，不过在冥冥之中，她却有一种遗憾，因为"当时何似莫匆匆"造成了悲剧，不过如吕碧城这样的女子是善于在悲剧之前幻想的，也善于在悲剧之后抒发情感的，在悲剧发生的过程中，她却是一个低能儿，手足无措，想想便觉得可惜，甚至是遗憾。

另一首《浣沙溪》：

第六章 心字成香——词坛古舞

> 不遇天人目不成，藐姑相对便移情，九间吹下碎琼声。
>
> 花号水仙冰做蕊，峰名玉女雪为棱，好凭心迹比双清。

可见吕碧城的心气很高，在凡尘中难以遇见那理想中的"天人"，最后只能超凡脱俗、孤此一人了。是她想要找一个"天人"吗？并不尽然，就算是她遇上了自己的"天人"，同样会孤独一生的，在生命中，吕碧城已经孤独惯了，她是不习惯有人分享她的孤独的，孤独是她的身份标识，少了孤独便不是吕碧城了，这或许是她自己都没有意识到的。

还有一首《若有》：

> 若有人兮不可招，九天风露任扶摇。纵横剑气排阊阖，撩孔琴心入海潮。
>
> 来时冷云迷玉步，归途花雨著轻绡。梦回更唤青鸾语，为问沧桑几劫销。

看来，吕碧城的梦中情人似乎应该是仗剑杀敌、英气逼人的英雄，不过现实中这样的人早已经绝迹了。她是要故意拔高自己心中那个人的形象，好让他只存在于自己的梦中；否则一旦真正在现实中遇见，她便会手忙脚乱、不知所措，这便是吕碧城的聪明所在，不过似乎太过头了，只能造就悲剧了。

吕碧城虽然在选择伴侣时感觉清高和寡，但是她从来不拒绝跟男性交往，如有机会一起出游、交谈，一点儿都没有扭捏的姿态，最多的更是诗歌唱和。

吕碧城在任职总统府秘书的时候常跟袁克文诗文唱和，两人都擅长诗词，难免有惺惺相惜之感。不过两人过于亲密，让人有了不少揣测，其实不然，在吕碧城眼中，袁克文只不过是个公子哥，整天只知道在风月场中厮混而已。不仅如此，袁克文早已经有了家室，且吕碧城要大他整整7岁。由此可见，大家只是多想了而已，不过这却是大家的一片良好的愿望，有诗为证："不才人久负名，洛神未赋亦多情；宓妃有枕无留处，惆怅词媛率吕碧城。"

谁不会为这样一个女子的爱情八卦呢，与其说是八卦，不如说是对她的某种心慕罢了。每个人都有心中最佳企盼的那个人，而这在现实中又是难以遇见的。不过这在遇见吕碧城之后却改变了，她的身上具有如此之多的自己梦中人的特点，但想想她的端坐云端，看看自己脚踏尘土，哪里还敢有半点儿奢想，

第六章 心字成香——词坛古舞

只想尽快找一人作为替代自己怜香惜玉罢了。

其实吕碧城不乏追求者，就算是在她中年的时候也是如此。1917年，她在游览庐山的时候遇见了一个叫做威尔斯的德国人。他们的相遇其实就很浪漫，那天下午，吕碧城一个人出门赏玩风景，不知不觉渐行渐远，却找不到回去的路了。她正在彷徨懊恼间，一位穿着白色衣服的西方人来到她的面前，并将她送回旅馆。临别时，还送给她一束路上采摘的鲜花，其中的情感表达甚是明朗。第二天他们同游山巅、溪畔，同观日升日落，其情融洽。不过之后威尔斯再次邀请她同游时，却被她拒绝了。

为什么要拒绝，吕碧城或许也不知道。别过之后，吕碧城还曾在梦中见到威尔斯，由此可见，吕碧城对他还是有心的，但主动终止这段情缘的也是她自己，或许这种憧憬与退缩之间的矛盾正是她最真实的写照。她渴望爱情，但那是一种美轮美奂、隔绝一些尘世的纯粹的情感；她又只能在尘世中触碰到爱情的边缘，这又是她心不甘的，就在这种渴望与不甘之中徘徊，她怎么知道，这已经无数次地刺痛了她的那帮"粉丝"呢。

突如其来的缘分并非一定会带来浪漫的结局，它往往会砸伤那些毫无准备的人，不是每一个人都将它作为生活常备的主题的。

　　有些缘分是专为你而生的，它早早地就在你必经的路上等待着你，一旦你路过，它就会迎面而来，丝毫不给你思考的机会，等你回过神来的时候，你的身边已然有了一个同行者，你也只有在剩下同行的日子里去理解和诠释这种缘分了。

　　人永远只是一个过客，对这个世界而言如此，对人自己而言也是如此。在众多的匆匆过客中，有人会跟你无意间邂逅，有人会跟你擦身而过。多年以后回首，就算是与那些匆匆而过的人，不也是一种缘分吗？是的，他不能引起你的注目，没有引起你的回眸，但至少作为一个背影，他是存在于你的人生记忆中了。试想一下，在空旷的荒野上，就算你遇到了生命中对的人，那种喜悦又怎能跟在茫茫人海中寻到的他相比呢？

　　吕碧城无疑在心中幻想过很多次那个最适宜自己的男子，她也错过了很多次美好的情缘，最后她更是对人世情意几多幽怨。但无论如何，只要想起吕碧城，她永远都像一杯散发出淡雅清香的绿茶，让人看不尽有那么多的沉浮在里面。

　　其实只有喝过茶的人才知道，那份淡雅的清香下面隐藏着多少味觉。不同的人也必定有不同的感受，同样一杯茶，刺激每个人的神经也是不一样的。不管怎样，懂得品茶的人，已然

第六章　心字成香——词坛古舞

开始梳理自己的人生了。

世界上没有两片相同的树叶，世间的女子也一样，不要以为只有哪一个女子可以梨花带雨，其实每个女子都有自己不可替代的韵味，不同的是懂得这种韵味的人而已。

吕碧城将民国时的古典气质和现代风情恰当地融合在了一起。无数的男子都想读懂她的那份高雅、风流、睿智、风华，但谁又能读出她那苦郁、幽怨、传统的另一面呢？

无人能懂，她也只能孤老终身了！

提起吕碧城的情感之事，不得不提她跟杨云史的种种传闻。

杨云史是何许人也？他是杨崇伊之子，却全然没有他父亲的守旧，是个诗文俱佳的"江南四公子"之一。杨云史最开始娶了李鸿章的孙女李道清为妻，后又娶了徐霞客做继室，再后来他遇到了陈美美，两人情投意合，不过终因杨云史栖栖遑遑而分离。

关于吕碧城跟杨云史的情感，直白记载的很少，有的也只是传说，不过我们却能从他们唱和的诗文中看出些端倪来：

吕碧城唱的是：

慧尾腾光明月缺。天地悠悠。问我将安托？一自鲁连高蹈绝。千年碧海无颜色。

　　容易欢场成落寞。道是消愁。试取金尊酌。泪迸尊前无计遏。回肠得酒哀愈烈。

　　海上秋来人不识。仙籁横空。只许仙心觉。小立瑶台挥羽箑。新凉情绪凭谁说。

　　不用宫纱笼麝熘。帝网千珠。分作家家月。惟愿冰轮常皎洁。何妨火伞颓西极。

　　迤逦湖堤光似研，汉女湘姚，尽态争游冶。为避钿车行陌野，清吟却怕衣香惹。

　　别溥凝阴风定也。芦笛萧萧。濠濮间情写。双占水天光上下。一凫对影成图画。

　　为问闲愁抛尽否？收得乾坤。缥缈归吟袖。雪岭炎冈相竞秀。一时寒热同消受。

　　泪雨吹香花落后。尘劫茫茫。弹指旋轮骤。便作飞仙应感旧。五云深处犹回首。

杨云史和的是：

　　眼底旌旗犹霸气。莽莽幽州，风雪来天地。日落长

第六章 心字成香——词坛古舞

城横一骑，海山却在踌躇里。

可堪稗肉雄愁起。闲去呼莺，冷落山和水。如此人间容我醉，手扶红粉斟寒翠。

帘卷西楼风雨外。万马中原，人物今犹在。破碎山河来马背，过江风度朱颜改。

清狂人道中散。铜辇秋食，驮梦回鸡塞。大好男儿时不再，举杯吞尽千山黛。

话道飘零都未忍。灯火楼台，梦里天涯近。述与清秋秋不信，江湖满地难招隐。

念家山破魂销尽。收拾闲愁，总是词人分。北去兰成君莫问，哀江南后非元龚。

红叶来时秋水满。前度迷津，洞里流年换。道是仙源鸡犬暖，秦人合住桃花岸。

吟成一例肠堪断。小猎荒寒，匹马关山远。归骑数行灯光乱，雪花如掌卢龙晚。

其中的情意似浓又淡，似明显而又朦胧，你我都不是词人，作为旁观者怎能体味到其中的柔情蜜意呢。

之后，他们才知道，原来这是爱的感觉。爱会让劲风柔软，爱会让冷雨生情，爱会让落花溅泪，爱会让飞鸟惊心。爱时，希望时间停滞；爱时，希望世界静止；爱时，便会不由自主，根绝现世，这不都是他们感受过的吗？

男人们成全了吕碧城，吕碧城却在这中间成就了自我，当她转身回望人世的那惊鸿一瞥，又惊起了多少痴情人。吕碧城的美丽是天然生成，不过她的活气却将这美俏时而搬上了舞台，翩翩起舞；时而拉到了角落，暗自伤神，最后在内心的指引下翩然离去，隔绝了那个时代的浓情，隔绝了多少痴情人的空等闲。不怪她，只怪那个时代慢了她半步，这是谁的不幸呢？不得而知！或许天涯很大，净土太少，是真理。

忧心于国事的精英男性们对于吕碧城的横空出世，无疑起着推波助澜的作用。

吕碧城并非天生清心寡欲者，她并没有立志独身，她是如此美丽、清醒、灵动、早慧。在豆蔻年华里，她也一定怀春过，她也一定动心过，或许她曾在那个细雨飘飞的淮南古城故园将自己隔帘企盼的眼神留在了自家的书院、绣房、后花园以及亭台楼阁……她期待自己生命中最适合的那个他的身影出现，不过最后她只能在岁月老去的叹息声中缅怀自己逝去的青春了。

并不是每对相爱的人都是因情感走在一起，有时候是因为寂寞。寂寞是人最大的敌人，人会在寂寞的时候渴望有一个能与自己惺惺相惜的人，如果此时他恰好碰到另外一个寂寞者，那便毫不犹豫地在一起了。

也难怪，人被俗世缠身的时候，会让计较占据身心，就算是那些眼前的感动都会视而不见，于是便错过了不少情缘，让上天好不惋惜。

吕碧城是有自己的择偶条件的，不能太大，也不能太小；不能没有地位，也不能没有文化，是她苛刻吗？反观她在诗词上的造诣，偌大一个中国，又有几人能与之唱和？要怪只怪她太过出色，脱离凡俗了而已。

你想过吕碧城成为一名普通的农妇吗？

如果她是一名普通的农妇，她会守着一个老实粗陋的男人一辈子，春夏秋冬，时光循环，她与他已然忘却了时光流逝，仿佛从开始到最后，他们仅在那么一刻生活而已，不过这一刻已然囊括了人生全部的喜乐悲苦。

她会为他柔情地缝补衣裳，她会为他精心地蒸煮饭菜，他们几乎没有了语言，因为彼此的一举一动，早已稔熟于心，这便是回到了上帝最初将他们劈开的境界了吧，看似平凡，又有几人能达至呢？

但不管如何，我们还是不忍心让吕碧城变成凡妇，那是我们太过私心，不想失去一位民国奇女子，但对吕碧城本身，不是太过残忍了吗？

好在吕碧城是豁达之人，中年之后便只身游历环球，她交流中西文化，中西文化却在她身上碰撞。1929年的国际保护动物大会，她头戴珍珠抹额，身着晚装大衣登台，霎时风采，倾人无数。

几多游历，吕碧城重归故里时，旧友相继凋零，她心中郁闷得不到抒发，终日沉溺禅悦。偶然来了兴致，填词一阕《汨罗怨》：

翠拱屏峰，红迤宫墙，犹见旧时天府。伤心麦秀，过眼沧桑，消得客车延伫。认斜阳，门巷乌衣，匆匆几番来去？输与寒鸦，占取垂杨终古。

闲话南朝往事，谁钟清游，采香残步，汉宫传蜡，秦镜荧星，一例秾华无据？但江城零乱歌弦，哀人黄陵风雨。还怕说，花落新亭，鹧鸪啼古。

是感伤抒怀？是忧国忧民？还是一个中年大妈渴望温暖的

第六章 心字成香——词坛古舞

喋喋不休？其实又有什么关系呢？时光就像一个车轮，无论你曾经如何年轻力胜，都会将你碾得粉碎，让你回归凡尘，回归生物本性。

吕碧城生逢乱世，却出尽风头，活出了性情。她一生未婚，到底带给她的是喜悦还是悲哀，我们就无从揣测了。

吕碧城成了民国第一剩女，"××××而优则剩"似乎是古今中外一切剩女的症结所在，对吕碧城而言便是学而优则剩，正是因为她在学识上远远高出一般凡俗女子，甚至是男子，她让所有男人退却了。她身居高处，虽然能俯瞰大众，却也错过了火树银花不夜天的繁华绽放……

幸好吕碧城找到了"文学自娱"的方式，她将诗词作为自己疗养受伤情感的良药，如此一来，她的文字永远充满了温暖与凉薄。因为看重情感而显得温暖，又因为得不到真情感而显得凉薄。她并非一个独身主义者，她异常渴望找一个可以唱和的诗心者，这种源自千年前的《诗经》流淌过来的悲伤，再一次洗涤了吕碧城的心灵。

吕碧城虽是多情之人，不过她传世的情词却并不多，能找到的只有一阕《浣溪沙》：

残雪皑皑晓日红，寒山颜色旧时同。断魂何处问飞蓬。地转天旋千万劫，人间只此一回逢。当时何似莫匆匆！

藐姑射之山，有神人居焉，肌肤若冰雪，绰约如处子，不食五谷，吸风饮露；乘云气，御飞龙，而游乎四海之外。

吕碧城原本也是凡人，不过她一直保持着理想的人格，所以就算是她蛰居凡尘，却一直在寻找一颗能够同样漫步云端的心。不过能跟她同此心的人本已寥寥无几，在千万劫中，只此一回在人间相逢，这需要怎样的缘分啊？人生多半如同飞蓬一般，恐怕还没来得及牵手，便已经擦肩而过了。

沧海桑田，海枯石烂，人是等不到的，不过却被很多人信誓旦旦过。你忍心责怪他们吗？不忍心，人生短暂，一旦爱上，便不知所以，虽不能真正"沧海桑田，海枯石烂"，但至少在那一刻，是能配得上这"沧海桑田，海枯石烂"的。

不过就有人太过清醒，他们不愿意说这不靠谱的话，他们愿意做的是背起行囊，潇洒远行，如能碰上一个同行者，便是最大的幸运与幸福了。

当你看到那些在落叶下柔情地依偎在公园长椅上的情侣，

当你看到那些在出站口热烈地拥抱在一起的恋人时,你难道不会觉得这个世界如此美好吗?你难道不会觉得那是最美的风景吗?是啊,人生匆匆,滚滚红尘,但是能够与你真心相拥的人并不多,如何不让人羡慕感动呢。

又有哪一个男子没在心中幻想过梦中情人呢?她必定是清纯可人的,长发飘肩的,他们一定会十指相扣,将身影留在最适合他们的每个角落。能与梦中情人相守一刻,也是能让人怀想一生的。

每一轮圆月下面,必然有一段梦里花落的故事;每一次婉约,便有一段月下别样的清幽。有的人,用一生去等待有情人;有的人,生平却一直在拒绝有情人,吕碧城显然属于后者。

说到对情爱的描写,我更钟情于古人的感觉。

"为君一日恩,误妾百年身。"多么浅显易懂的话语,却将那种情之所至、意之所动刻画得淋漓尽致。其实这哪里是一种文学作品的刻画呢,分明是对很多人情感的纪实。

"墙头马上遥相顾,一见知君即断肠。"那是古人情意婉转凄凉的表达,是抬眉举目之间心意尽知的姿态,虽是风流,却不减半点尊重。

当然,古人也并非个个都是有情人,今人也并非个个都薄情寡义。吕碧城就是一个情意深似海的女子，遗憾的是她没有遇上懂她的男人。

龚自珍曾有首诗云："十年千里，风痕雨点斓斑里，莫怪怜他，生世旧日是落花。"竟然那么巧，此诗仿佛特意为吕碧城所打造，将她日后的命数全然道尽。其实不过是"不幸的人都有同样的不幸"罢了，你与我，某时某地，不也很好地契合了龚自珍的这首诗吗？

简桢曾说："深情即是一桩悲剧，必得以死来句读。"吕碧城当然不是无情之人，但却是一个深情之人。

相较而言，那些无学问、无知识的人会更加顺从命运的安排，并苟安生活的安排。而那些有过一定知识、见过一些世面的人，便不易被现实屈服，他们想要一种自由，其实自由就是敢对现实说"不"，是那种众人皆醉唯我独醒的状态。

不过在很多时候清醒并不是一种快乐，反而是一种痛苦，因为它会让你遭到周围的质疑，反而让你显得格格不入。

吕碧城在情感上也曾有中意之人，诗人杨志云就是一个，不过原本浪漫的结局却被他娶妾终结。或许对那时的男子而言，娶妾实属正常不过，但对吕碧城而言却不行，她要的是心与心的相印，要的是白首不相离，这便成了那个妻妾成群风气中的

第六章　心字成香——词坛古舞

独醒者了。

可惜没有一个男人真正懂得吕碧城，对她而言，懂得就是最大的慈悲，因为懂得就会对她有无限的理解和宽宥，因为懂得就会对她有无限的爱护和怜惜。吕碧城一直在人海中寻求懂得自己的人，不过却不得而果，但她显然还是不愿放弃自己内心的规则，最后只有孤身仗剑走天涯了！

人的一生总会遇到各种各样的说不清、道不明的奇缘偶遇，虽然相逢每天都有，但多数是属于匆匆擦肩而过，不会给你留下印象。倘若有一天，就在擦肩而过的瞬间，一个人突然走进了你的视线，你竟然记住了他的脸，还感受到了自己的怦然心动，那一段奇缘已经开始了。就算彼此不再相见，但那拨动心弦的一刻，已然让人生足够精彩了。

有一句歌词令我非常感动："多少人曾爱慕你年轻时的容颜，可是谁又能够承担岁月的变迁。"娇艳欲滴的花朵，谁人不爱？但花瓣凋零的残枝，又有几个人在意呢？

世间男人多难以脱离这种俗律，吕碧城是懂得这一点的，因此她不会在怒放的时候对任何一个赞誉她的男子倾心，她想要找寻那个真正能懂得她的心的男子，无奈花谢人去，留下她孤独的一个人。

孤独之苗一旦长成，不管是什么样的土壤，就算是无人理会也能自我繁衍的藤蔓，而我们的心则被它牢牢缠绕，得不到解脱。

孤独的旅程中，吕碧城对时光越来越敏感，她甚至都能听见时光之水在哗哗流动，在一遍遍抓挠着她的内心。

一抹春痕梦里收，草长莺飞，柳细波柔。珠帘十里荡银钩，筝语东风，那处红楼？

别有前程忆旧游，几日韶华，赋笔生愁。长安云物恋残秋，铃语西风，那处红兜。

这阕《一剪梅》将吕碧城惜春的哀愁写得淋漓尽致，是啊，人生会有几日的韶华呢，转瞬间便已是西风残照、旧游分携了。

舞衣叶叶余香在，欢场了却繁华债。往事梦钧天，梦回清泪淹。

疏枝霜后柳，病骨如人瘦，来岁柳飞绵，楼空谁卷帘？

这是一种经历过繁华后的落寞，经历过团聚后的分离，这

第六章 心字成香——词坛古舞

种情感或许只有吕碧城才能真正感受得到。

一个人一生的遗憾会有多少？只有自己知道，因为有的遗憾却是道不明、说不清的。对于吕碧城而言，无果的爱情必定是她一生中最大的遗憾之一，"无缘何生斯世，有情能累此生。"她想象中的婚姻不是一种仪式，不是一种生命的必经阶段，而是一种纯粹的情感的结果，是生命中最美、最浪漫的时节，可惜她没能期待到这样的婚姻，她只能在旅途中释放自己心中的积郁，然而命运真是捉弄人，她不但没能释放出情感的积郁却又新添了思想的苦楚。

缘分后固然重要，不过它却需要用心来呵护。上天其实给了每个人一段缘分，不同的是有人将其快餐消耗掉了，有人却能让它细水长流；有人抛弃了眼前的缘分，为的是寻找更完美的缘分，不过到头来却是什么都没抓到。

不过，没有必要苛求缘分，也没有必要想让缘分永久保鲜，缘分来了就不离不弃，好生呵护；缘分实在走了，便泰然面对，不必呼天抢地。

吕碧城或许一开始就参透了人世夫妻难以始终如一，于是她便忌讳上了婚姻，她只想停留在初见之时，不变不移，不过同她者何人也？

爱情并不是完美无瑕的东西，有时候想起来也不免让人忧伤，有多少人曾在花前月下发誓厮守终生？有多少人曾牵手徜徉早春晚秋？但最后都难免劳燕分飞，不是他们对情意不够忠心，也不是他们彼此不能心心相印，而在于在现实面前，一切的情感都显得脆弱无比，倘若他们要坚持，便会破碎一地，就算是破碎一地也仍旧坚持，还是得不到想要的结局，如此牺牲便有所不值了。

　　于是有人就干脆将那份情意埋在心中，吕碧城就是其中一个，就算在里面澎湃不已，她也佯装漠不关心，因为她不想要悲剧，对那么美的事情，她怎么忍心让它悲剧呢。

　　其实对她而言，这不就是一场悲剧吗？

　　倘若遇上了生命中的第一个意中人，不管结果是悲是欢，是缘是债，是苦还是甜，都应该尝试着牵着彼此的手走下去，前途或者有清风明月相伴，又或者是荆棘坎坷相随，但只要牵手，便会勇敢无敌，坚韧自忍。

　　其实未必要走到天涯，就算是只有一米阳光的距离，也会成为一辈子最浪漫的珍藏。天涯再远，也抵不过情深意切者的浓浓情语。

　　爱情如同吐丝的蚕一般，是自己在给自己作蛹，不过作茧

第六章 心字成香——词坛古舞

并不一定就能自缚，只要你耐心等待，等待下一个春暖花开，便可以化茧成蝶，修成正果了。

吕碧城早早地就将自己缚在了茧中，期待着下一个春暖花开，遗憾的是那个冬天太长，她没有等来春天，让人好不欷歔！

不是吕碧城薄情寡义，实在是没有一个男人能够驱动她的情意。那些凡夫俗子的爱情驱动实在是不需要太多的伤心动情，这跟吕碧城的爱欲比较起来，实在是要简单轻松得多。

传说男人和女人原本天生一体，上帝用斧子将他们劈成两半，放到了人间，于是到了一定的时候，他们就会各自去寻找属于自己原本的那一半，找到了，拼成一个完整的自己，然后一起走过后半生。

因此，不管是乱世凄凉还是盛世繁华，只要能看见男女两人牵手前行的背影，那注定是最光华夺目的。

吕碧城的另一半呢？她竟然没有找到！是她天资聪慧，上帝舍不得劈开她，就囫囵地放到了人间？还是上帝将她的另一半忘记在了天庭？我们不得而知，但不管是哪一种情况，不都是一个最美的神话吗？

第七章

萧萧此生

——人生求真谛

I / 了却繁华债

所谓"仓廪足而知礼节",人往往要等到自己衣食无忧时,才会考虑精神层面的东西,吕碧城在少女时代有过一段时间颠沛流离的生活,从那以后便丰衣足食了,便将她的所有精力都用在了人生真谛的追求上了。

反过来,也只有经历过颠沛流离生活的人才知道如何追求人生的真谛,很难想象一个没有看见过风雨的人能将彩虹描绘得入微入理。

人生的真谛其实并不是追求出来的,更多的是一种经历过后自然而然的结果,如此一来便形成了人生的悖论:等你经历了许多,真正体味到人生真谛的时候,你最好的年华已经逝去,很多时候只能作为一个过来者对那些年轻人谆谆教诲了。其实

第七章 萧萧此生——人生求真谛

又有哪一个年轻人在经历世事之前会真正懂得人生真谛呢？他们在频频点头的同时不知心向何处去也！

吕碧城活到了这个分上，似乎也没有别的能扰动她的身心了，不过她却自己给自己找了一个问题：对人生终极的考量！

细心的人早就能够看出来，吕碧城那彪悍的人生跟她在诗词中表露出的内心的脆弱、忧伤、寂寞形成了强烈的对比，也正是这种身与心的断裂，让她堕入了对人生终极的思考。

吕碧城是一个有神论者，这似乎跟她这样的一个才女有些格格不入，其实并非如此，从童年的苦难到后来的声名显赫，她相信宇宙中总有一种东西在冥冥之中掌管着一切。

当吕碧城看到世界上各种花朵五颜六色、姹紫嫣红时，当她看到植物内部的组织无比奇妙时，她是相信其中有一个东西主宰这一切的，因为不管哪个天才美术家都是画不出如此的色彩，哪个天才科学家都是造不出如此精细的组织的。

吕碧城心中的上帝不是那个按照自己的形象创造人类的上帝，而是一个无体无相的，由此可见她是如何一个彻底的有神论者，因为她认为一旦有形有体，他们的权力和法力就会受到限制，这就不能算得上是一个纯粹的上帝了。

灵魂一直是人类追寻探讨的对象，人类毕竟没有完全超脱死亡，在每个人的心中都有一个不死的灵魂这样一个精英掌控着自己，在必要的时候超越死亡。

吕碧城不赞成将所有谈及灵魂的事当做迷信加以排斥。其实西方人一样热衷于谈论灵魂，并且在宗教界发展出了所谓的"通灵术"，这一切都是在试图回答宇宙是否存在灵性之物。人的精神到底是什么？吕碧城在欧洲求学的时候就曾跟人讨论过灵魂的问题，她的观点明确：灵魂肯定是存在的，它会因为人在精神上的强弱差别而在有的地方显现出来，在有的地方隐藏起来。

吕碧城是否在修行中达到了跟天人合一、神人交流，我们不得而知，不过她自己却有过"神游一霎间"，但不管如何，我们都能从其诗词中体会到她的那种潜心与定念，长此以往，"此想若成时"便时常在梦境中实现了。

吕碧城的词不少便是以梦境写佛境的，她在《水龙吟·千环捲入秋毫》中写道："千环捲入秋毫，一花一叶华严界。影联珠网，香飘金粟，宝王朝罢。曼蕊吹潮，绀云邀梦，法身将化。认长庚明处，径登初地，亲证领，无生话。"将自己在梦中潜修时的恍然入梦描绘得真实具体；她在《喜迁莺·绀云西迤》中写道："硕朵扶轮，重台涌刹，依约万莲倾盖。""越网拗丝，吴蚕穿茧，小试法身无碍。已闻宙光飞练，还眩神光飞彩。指归路，在通明一色，庄严金界。"可见她对佛教信仰念念不忘，翘心净土。

惜春"可怜绣户侯门女，独卧青灯古佛旁"，这是一种命运的无奈，是一种沦落，不过吕碧城皈依佛门，却是一种主动的选择。这便是吕碧城跟其他人的区别，她遵循的是内心的声音，而不是因为在面对现实后的无奈选择。

吕碧城的心底毕竟还是传统女子，人心似水，在乱世之中，她本已斑斓，就算是心中藏着那份保守已实属不易。

吕碧城如同白鹤一般一飞冲天，结果却一头扎进尘埃，失意才子的落寞疏狂，就算已隔百年，仍是清晰明朗。她洒脱又寂寞，华丽又苍凉，恰恰是这种极端的统一，让人着迷。

如果说一棵植物没有经过花的怒放，那是很难达到种子与果实的那种缄默与宽容的。就算是刻意地掩饰，故作淡泊，那也会透出一股难以抑制的劲儿。如同一匹烈马一般，它一定要不停地奔跑，直到历经千回百转，将全部风景看个透！

吕碧城皈依佛教，不得不提很多看似无意实则冥冥之中的事情。

吕碧城年幼时，尚不通文理，不过在偶读了老子"人之大患为吾有身。及吾无身，何患之有"虽不明其意，甚觉有理；稍微年长，她便笃信世间必然被一种看不见、摸不着的神秘力量操纵，于是吕碧城有了"自然天地之有文章，时令之有次序，动植物体之有组织，尽善尽美，孰主之者？是曰真宰"的世界观；她游历美国时，有西方妇女曾向她介绍《圣经》，并说是上帝创造了人类，不过并没有得到吕碧城的认同，她心中的上帝是无形无相的，方能权力无限，否则权力亦必有限。

当年，吕碧城曾跟母亲游览庐山，在拜祭供奉吕洞宾的仙人洞时，母亲曾问及吕碧城的婚事，当时得签曰："两地家居共一山，如何似隔鬼门关？日月如梭人易老，许多劳碌不如闲。"这岂不被汪家退婚所证明？后来吕碧城一直单身，让母亲深以为悔。吕母在送女儿游学前，或许是为求安慰，再次求签问卜，结果得示曰："君才一等本如人，况又存心克体仁。倘是遭逢得意后，莫将伪气失天真。"这也恰恰只能算作是安慰勉励之词罢了。或许当时的吕碧城对此并不以为然，不过后来在感情上颇为不顺，让她不得不遥想当年的问卜算卦，预料与现实如此符合，让谁不动心？

或许在吕碧城年轻时，也有关于她今后感情顺畅之说，只不过都被她"刻意"遗忘掉了。人之所以时常有烦扰，便是因为他们具有了通天的联系本领，就算是世间最不能融洽之物，人也能通过自己的想象创造出看似逻辑缜密的联系来。

吕碧城还举了例子来论证自己的观点。当时她的外祖母在北京的时候，邻居的一位老夫人在弥留之际叫来儿媳妇问她儿子的情况，其实她的儿子在几分钟前已经去世了，家人怕她难过就没有告诉她，谁知道这位老太太说："你们还想瞒着我，我儿子刚才已经亲自告诉我了，他在死前让女佣告诉我，但他的女佣却没有这样做。"家人一听只好说实话了，这位老太太也因悲伤过度去世了。

如果说这个例子还有些道听途说的感觉的话，那么吕碧城自己也有过灵魂出窍的经历。那是在1922年，当时她刚从美国回到上海。一天她正在午睡，她的女佣却拿着一壶热水进来了，不过当她看见吕碧城正在睡觉就"咦"地一声退回去了。

吕碧城醒过来了，问她是怎么回事，女佣说，刚才我看见你站在门口问我要一壶热水，可当我装好之后给你送过去时却发现你在睡觉，很是奇怪。女佣这样一说，吕碧城似乎想起什么来了，因为当天晚上有一个宴会，所以她是准备要梳洗打扮一番的，不过因为时间比较早，她就先睡觉了，谁知道这个时候她的灵魂却出窍去问女佣要水了。

两个例子虽然听起来有些不可思议,甚至有作假的嫌疑,不过对于吕碧城而言却没有任何作假的必要。是的,站在科学的角度,这一切几乎是无稽之谈,但科学并不就是终极的真理,并不就是宇宙的一切,并且科学相信争议,这才是最重要的。

生命可以预料吗?显然不能。不过当人历经红尘,回首反观时,他们总是热衷于将此前的种种蛛丝马迹跟后来的经历联系起来,以为这便是冥冥之中注定之事,无从逃脱。就这样,这些人便在生命的最后一段时间迷上了这种冥冥之中,要么遁入佛门,要么相信上帝。

我们来看看吕碧城的宗教观吧:

> 世人多斥神道为迷信,然不信者何尝不迷?何谓之'迷'?湮没理想是也,舍理想而专务实利,知物质而不知何以成为物质之理,致社会偏枯无情,世道日趋于衰乱,皆自称不迷信者武断愚顽之咎也。予习闻中西人言及神道,辄曰必有所征而后能信,此固当然之理,然可征信之处却在吾人日常接触之事物,不必求诸高渺圣经灵迹。种种诡异之说徒以炫惑庸流,唯自然物理方足启迪哲士。

第七章 萧萧此生——人生求真谛

是不是被我一语道破！

我常常会疑惑：在蚂蚁群中，每一只蚂蚁是如何区分自己的呢？在我们看来，它们并无二样。在中国，多的是机会伫立于接踵摩肩的人流，此时的我便会觉得自己渺小如蚁，我也因此迷失了自己，便觉得跟所有人都一样了。

或许我们并不一定要将自己弄得跟别人有什么不一样，我们应该将更多的精力用在温暖的生活上，用在幸福的浪漫上，平平凡凡，了此一生！不过吕碧城显然不这样想如此"平庸"一辈子，倒不是她不在意自己的幸福，而是她将更多的时代使命背负在了身上，很多时候，便就身不由己了。

大盛大衰，已然成为了一种宿命，历史也好，个人也罢，都逃离不了这场宿命。

吕碧城家虽算不上什么大富大贵，但也是书香门第，无奈树倒猢狲散，家渐渐败去，小小的她提前成了漂泊者。

乱世也有乱世的过法，吕碧城寄人篱下，离家出走，南下上海，出国游学……渐渐地，她竟然走出一条乾坤大道来，但无论怎样的煊赫也遮挡不了她曾经的苦难，至少她心中是这么认为的。

II / 遁入佛门去

对漂泊的人而言，最重要的就是要有一个信仰，一旦心有所属，再大再久的飘荡最后都会归属于信仰，就像一个被绳拴住的风筝一样，它又怎么能够飘脱放飞者的手呢？成长的过程必定见识悲欢离合，经历阴晴圆缺，心性不定的你必定会随着环境的变化而变换自己的信仰，或是名，或是利，或是超越名利的清闲。

几番追求，几番变换，或许到最后才明白心静则国土静，心动则万象动。真正的，最好的信仰是随遇而安，是随波逐流，这样才不会改变生活的初衷，才不会被生活所困扰。每个人都在寻找适合自己的最好的人生方式，以免太过曲折，太过彷徨。世事难遂人愿，你想要行云流水过此一生，却总是风波四起。

第七章 萧萧此生——人生求真谛

早年的吕碧城在信仰上却是飘忽不定的,很多领域都涉猎过。一开始到《大公报》,英敛之看她如此钟情于西方文化,劝她皈依天主教,不过却被她拒绝了,原因不得而知。

年轻时的吕碧城对道家学说非常感兴趣,她写过有关于道家的诗《访撄宁道人叩以玄理多与辩难归后却寄》:

妙谛初聆苦未详,异同坚白费思量。辩才自悔聪明误,乞向红闺怒猖狂。

一暮尘根百事哀,虚明有境任归来。万红旖旎春如海,自绝轻裾首不回。

不过最后,吕碧城也没有进入道家殿堂,因为她不是一个容易将一种论调当做真理的人,她是要经过思辨之后才能接受某种真理的。对于道家,特别是对于他们炼丹求长生的做法,吕碧城颇多不以为然,这在她的《浣溪沙》中体现得非常清楚:

天马行空踏落霞,梦游西极看琼花。梦回依旧滞年华。

人世早知身是患,长生多事饵丹砂。五千言外意无涯。

吕碧城一直在思索着这个世界，这个人生，每一个可能的领域她都不愿意放过，她相信科学却不愿意放弃灵魂观；她承认灵魂的存在却是一个诚实严谨的学者。她不轻易相信一些观点，也不随意摒弃一些观点，物质之外还有世界没有？灵魂世界存不存在？这一直都是存留她心中的困惑，她向古人寻求答案，向西方取经，却永远不忘记自我的思索与判断，这在她心中永远是第一位的。

时光对于人，其实就是生命的过程。每个人从一生下来其实就开始在寻找自己的灵魂，不过一般只有走到生命的终点的时候才能感受到它的存在，所谓"魂飞魄散"是也。灵魂跟物质是什么关系？其实在我的心中，物质是灵魂的另一种表现方式而已，另一种存在状态而已，宗教人士用仪式来寻求灵魂，商人用钞票来寻求灵魂，学者用知识来寻求灵魂，这不正是我们这个尘世最本真的样子吗？

都说吕碧城错误地生活在了那个时代，不无道理，那时国内政治腐败，外敌环伺，战争频仍，民不聊生；国外战争频繁，弱肉强食，人间沦为地狱。世界如此之大，却没有吕碧城的容身之所，其实容身的地方还是有的，最关键的是她的心已无处安放。

第七章 萧萧此生——人生求真谛

那是一个转型的时代，旧的就要过去，新的还未生长，无奈吕碧城虽然眼界开阔了，心却始终被旧有的条框所束缚，在世界这种悲观与颓靡的氛围的刺激下，她只能寄情于诗词，最后遁入佛门了。

虽然吕碧城很早就提出解放女性，不过作为一介女流，她自己也始终未能亲自站到社会变革第一线，偶有呼号，也是借助已有框架的舞台，影响力自然有限。几经突围，几多挣扎，吕碧城最后将所有的希望寄托在了佛教上，在外人看来似乎是她的一种退缩、一种妥协、一种无奈，其实这或许正是她对人世俗情的最好解读。

那是一个道德沦丧、价值失范的文明颓靡时代，那是一个你争我夺、互相杀戮的悲惨时代，吕碧城已经不忍面对，幸好有佛教出现在她面前，她在里面找到了慈悲之心，找到了自尊自信，找到了众生平等，找到了戒杀护生。

鉴于此，吕碧城甚至呼吁将佛法定为国教："中国丁世运之巨变，民生涂炭久矣。亟应定佛法为国教，而以孔教辅之。其信仰他教者，概与自由。儒释二教，体用皆极契合，中外时贤，早有论列，惟佛法更为贯彻圆满耳。欧族尚欲借此自救，吾人亟应返纳故轨，否则前途杌陧，虽再阅百年，亦不能定。"

其实她又怎么明白若体制不变，就算是全员信佛，岂能改变现实？而对体制的彻底改变正是吕碧城所反对的，这便是历史的吊诡之所在。

人生在世，经历生老病死是在所难免的，不过有人却经受不了这种种痛苦的煎熬，企图找到痛苦的根源，然后消解苦难。吕碧城本是一个心灵脆弱的人，任何的世事都能搅扰她平静的心。

1919年的时候，吕碧城的母亲在上海病逝，这对她是个不小的打击，为了摆脱这种不好的心情，吕碧城决定出国留学，在跟旧友一一道别的时候，恰逢天台宗四十三世祖谛闲和尚在北京讲经，吕碧城得到机会相见。吕碧城将心中的一通苦闷向法师寻求解脱之法，最后法师告诉她："久债当还，还了便没事了。但既然知道还债之苦，切记不可再借！"本是几句平常的语言，但吕碧城似乎有慧根，得到点化，竟然一下通了，从此对佛教产生了浓厚的兴趣。

在1927年吕碧城寄居伦敦的时候，一次在观看别人的牌局时，有邮差送过来一本《印光和尚嘉言录》，闲来无事，吕碧城随手翻阅了一番，结果不小心便迷上了，后潜心佛法，到欧洲翻译了不少佛教经典。

第七章 萧萧此生——人生求真谛

从1928年12月25日，吕碧城开始断荤，并在1930年春天，已是48岁的吕碧城最终在瑞士日内瓦皈依佛教，法号"宝莲"。1930年的11月17日，她梦见自己缓步踏入通往西方极乐世界的道路之上，此时她越发坚信佛法。之后，她抛弃了让她风靡一时的诗词，改为专心研习佛经，翻译大量佛学经典。不仅如此，她还在报纸上发表文章，宣扬佛法，许多知识界人士纷纷对此表示支持。1931年，在吕碧城的影响下，欧洲各国约有50人来到中国华山，接受点化，皈依佛门。1933年，吕碧城回国之后，闭门谢客，继续研究佛学。

佛学讲求的是一种不偏不倚，一种不苦不乐，对身外之物不去刻意寻求，修炼自己淡薄名利得失的心念。与其说这是一种对生活的退缩，不如说是一种跟自我心灵的对话，它教会人要知晓一切皆是因缘，凡事要宽容与豁达。吕碧城本性向善向美，然而世事中的一切却让她无所适从，终于她寻求到佛学，便走进其中不肯出来了。

人世如舞台，人生如戏，你我就是一个个被上天安排好的角色，在固定的时间，在固定的地点，按照固定的剧本扮演属于自己的角色而已，演完了，你我的使命也就完结了，倘若幸运，还能在舞台上做个苦力，否则便永远离开这个舞台了。

虽然是演戏，有人却入戏太深，融入了角色中的人物，角色凄惨之时，他们也跟着哽咽起来；角色高兴之时，他们便手舞足蹈起来。上天能允许假戏真做吗？于是早早地将他们撤下舞台。这样的人可怜吗？可怜。他们还没有来得及完全演完属于自己的戏，就过早地离开了舞台；他们又不可怜，可怜的是我们，因为他们知晓了角色的真心境，而你我却永远也不能，演了也是白演！

第八章

吕氏花开
—— 同心姐妹花

I / 护生情缘

中年的吕碧城，通过经商获得了丰厚的资产，就物质而言，她无疑是一个充实的人。马斯洛曾有论："低级需求得以满足，人便能追求高层次需求。"吕碧城的追求似乎必然从物质转为精神。

她偶然遇见了佛教，又或许这种相遇是前世修来的缘，其实不管是谁遇上了谁，最要紧的是佛教教义和她对苦难与死亡的认识产生了共鸣。她一直在和苦难斗争，虽然更多的时候我们看不见，佛教的教义成了她最得力的武器，就这样不知不觉间，她对苦难竟然依恋和渴望起来。

相信有很多人喜欢在清晨站在高处观日出，看那东方一片玫瑰红后，一轮初升的太阳静静地浮起，橘色的光将参差的万物笼罩在一起，此刻你是否有"众生平等"之感呢？我们每个生命都沐浴在生命的阳光中，何等和谐，何等和睦！

不过人生很忙，能有这样机会体味"众生平等"的人不多，就算有人观赏到此景，也或许难以唤醒他内心的那颗佛缘了。要众生平等其实是很难的事，你必须抛弃一些东西，想法回到生命的原点，用心享用自然的赋予，而不是五官。阳光普照之下，每时每刻都有新生和老去，这是一种轮回，肉体和灵魂的合体让人拥有了蓬勃的生命却又彼此纠葛争斗而派生出许多无以安放的情怀和困惑。

吕碧城似乎联结上了新生与老去的轮回，并在普照的阳光下发现了"众生平等"和谐美，于是她将自己的后半生都交给了这种美，她开始护生，开始广大众生平等这种美！

不过吕碧城的护生觉悟并非是一时兴起，而是长期积累的过程。在她只有12岁的时候，因为看到家乡宰牛的惨状，便觉得愧对生命，从此不吃牛肉了；在上海居住期间，一次携友打猎，当她看到一只垂死的野兔伤口淌血，张大了嘴在那里艰难地呼吸时，便不忍再看，从此发誓不再打猎，不再杀生。

正是因为众生平等，所以别的物种的鲜血是会刺痛人的，每种生命都有相似的历程，于是这种痛感就会横空转移到人的身上。人与动物不同的恰恰是人有了无穷的欲望，在欲望的驱使下，人开始将自己与自然隔绝起来，将自我与别人隔绝起来，到最后只能是既不满意自身，还会对这个世界耿耿于怀，不是求全责备就是一厢情愿，值得吗？

吕碧城正是通透了此理，才将自己后半生的精力用在了参透佛法上，或许有人说这是一种浪费，其实每个人的真正价值只有自己知道，也只能由自己定位，不是吗？

吕碧城几乎涉猎尽了一切游戏，不过终了她却遁入空门，寄居在那片禅天净地。

其实吕碧城并非一生下来就懂得世事炎凉，她见识了一个又一个燃烧的场面，最初她就像那疲倦的鸟儿，以为那是温暖的住处，不过当她投身之中时，才发现那就是一个火坑，她几经挣扎，才脱离出来。最初她还怀疑过自己，以为是自己误判，不过几次上当后，她才明白这原本就是一种定式。

好在她找到了自己的清净之地，是可怕的燃烧让她选择了瑞士的雪山吗？不得而知，不过在那里她能静心远眺，她能凝神思考，这不得不说是一个很好的世外桃源了。

那时在瑞士日内瓦，那里常常阴晴交加，如此契合了吕碧城当时的心境，好像是多情，其实却无情。自己就像那风中的

第八章 吕氏花开——同心姐妹花

花朵，吹什么风便开什么花，哪有半点儿反抗的余地！是的，吕碧城曾反抗过，她提前盛开过，不过当她遭遇到春海料峭时，才彻底明白，24番风信又岂是可以随便安排的。

春夏秋冬，每个季节有每个季节的色彩和形状，并四季轮回，人何尝不是如此呢？一样的在不同的时刻有不同的姿态，一样的四季轮回。在这种轮回中，人就好似一粒尘土，是那样的微不足道，但却有人那样死死地眷恋着这无奈的红尘。

吕碧城算是参透了这滚滚红尘，她想要梦见一束樱花，渴望添个意中人。不过当她清醒过来时，仍然是孑身独处，寂寞难奈，哪里有什么梦中人，只是自己胡思乱想罢了。春天永远是过得最快的季节，有时候你还没察觉，它已然不在了。吕碧城就错过了最好的春天，只能在其他的季节梦回那个斑斓的季节，或许在梦中她能牵手意中人，徜徉花海，也算是对她的一种慰藉吧。

吕碧城遁入空门，让世人几多欷歔，是的，如她这样才华绝佳、相貌绝佳的女子却要一辈子跟青灯孤影为伴，让人好不怜惜。不过对她自己而言，能在烦扰的尘世中找到一块清净之地，难道不是一种幸运吗？

很多时候，我们看历史都太过自私，总希望某个英雄能杀敌不止，总希望某位科学家能好学如故，但你可知道，他们也如同我们一般，适时地为自己想一想，何罪之有？

吕碧城早年寓居天津之时，恰逢民国外长伍廷芳在上海发动"素食卫生会"的活动，宣传人们要多吃素食，理由是素食卫生。当时吕碧城便给他去了一封信，信中说最重要的是不要杀生，要弘扬仁心宽恕之道。伍廷芳回信说，这只是他的权宜之计，因为如吕碧城所说便有宣扬佛教之嫌疑，而这对他这个角色显然是不合适的。

吕碧城喜欢伤春悲秋、愁红惨绿，这是她跟大自然的对话。其实她也爱世间万物生灵，寓居上海期间，她曾养过一对芙蓉鸟，每天不辞辛劳，亲自喂养。除此之外，为了打发寂寞，她还养了一只名叫"杏儿"的小狗崽。

一次，杏儿不幸被一个洋人的汽车所碾伤，算起来也是小事一桩，不过她却请人打官司，直到肇事者将小狗送到医院，治愈之后才肯罢休。她出国后，就将杏儿委托给一个朋友看管，后来得知它死了，伤心难忍，作诗纪念：

> 依依常傍画裙旁，灯影衣香忆小窗。愁绝江南旧词客，一梨花雨葬仙厖。

第八章 吕氏花开——同心姐妹花

在吕碧城眼中，杏儿何时曾是一只狗，它是一条生命，一个自己最好的朋友。

吕碧城养狗，更多的是消遣感情世界的寂寞，平日虽有众人陪伴，但终究会曲终人散，等到万家灯火灭掉之后，那种撩人的孤独便会迎面而来。常居高处的吕碧城生活富足，隐藏的虚荣得到满足，不过内心最深处、最细微敏感的心绪却无处述说，那个放浪形骸的她也只是一种痛苦的排解方式罢了。

到了西方之后，吕碧城的护生之心更加强烈了。

在她眼中，人与动物没有什么两样，都是血肉之躯，都有五官、四肢，所以对任何动物都应该将其当做一个鲜活的生命来看待。

吕碧城在生活中更是身体力行护生，一次，她正在作诗，一只蜜蜂从窗户飞了进来，为了能够对蜜蜂观赏一番，她将纱窗闭上了，不一会儿，蜜蜂竟然不见踪影了，吕碧城懊悔莫及，蜜蜂是不是没有飞出去，毙在屋内了呢？寻了好久也没有找到，不过最后她发现屋厅的另一扇窗户开着的，便稍微有些宽慰了，不过她还是为自己的鲁莽行为自责。

同在一片蓝天下，每个物种都希望闲适自由地生活，你是不是有过这样的经历，会对某种不期而遇的温情怦然心动？是的，那就是人区别于动物的地方，人是有灵魂的。如果一个人将弱肉强食作为信条，那他便丢了灵魂，和狮虎豹无异了。

吕碧城会为一只狗而跟人打官司，会为一只蜜蜂而自我懊悔，是因为她找回了灵魂，完成了从启蒙到至善再到尽性的众生平等的信仰。过多地纠缠于肉体，便会成为通达灵魂的障碍，肉体与灵魂总是纠缠在一起，让人痛苦，让人懊恼，也让人快乐，让人闲适，这就要看你的取舍了。

我们都知道，西方人主要是以肉食为主，在他们的眼中，人对牛羊等动物是有天然的宰杀权的，他们认为牛羊等动物天然就是为人类的嘴服务的，这让吕碧城好不恼火，她提倡五戒，鼓励吃素食，禁止杀生。虽然草木一样有生命，但毕竟它们不是血肉之躯，所以完全可以当做食物，人吃动物则讲不过去了。

吕碧城的理由很简单，那些食肉的动物都有獠牙，如老虎、狮子等；而那些素食动物则没有獠牙，如牛、马。人没有獠牙，那就理所当然地应当是素食动物了，如果非得要吃肉，那必定是违反了自然规律，是要疾病丛生的。更为重要的是，嗜杀是能够成性的，进而引起杀人，引发战争。

第八章 吕氏花开——同心姐妹花

曾几何时,我们是如此的柔情,会为一朵花谢伤神,会为月缺低眉,会为一只蚂蚁让路,会为一声蝉鸣感动。如今的一些人是如此的绝情,会为了猎奇而将活鸡投入老虎园,会为了味觉而生吃海鲜,会为了方便而伐掉百年老木,会为了治病而将熊胆取出。

是那些人变化了吗?也不见得,或许变化的是这个时代,我们被时代裹挟前行,已然没有了反抗的能力。不过你可知道,这个时代是我们造就的,它曾是我们理想中的那个样子。

谁之过?

吕碧城在旅居瑞士期间,偶遇英国《泰晤士报》发表皇家禁止虐待动物的公开信,便去函参与讨论。她认为中国古人就已经主张善待动物了,如在殷商时期,捕鸟者会将捕鸟之网去掉三面;孔子有"君子远庖厨"、"闻其声不忍食其肉"、"大夫无敌不杀羊"等古训,不过遗憾的是都没有能够形成一种制度得以施行。

对于西方流行的屠宰动物合法化,吕碧城一一进行批驳:

动物天然是人类的食品吗?如果人类面对狮虎豹等猛兽时,也应该是它们天然的食品吗?

动物无限繁殖会危害人类吗?人作为万物之灵,除了要虐杀动物之外就找不到别的办法来保护自己吗？

动物是一种资源，不利用就太可惜了吗？自然界能够提供给人的资源太多了，难道非要在动物身上去寻找？

动物不是人，人就不需要对动物讲人道了吗？那以此类推，不同种族的人就可以相互杀戮了吗？

虽然吕碧城的反驳针锋相对，句句在理，不过今天看来似乎还是有些苍白和一厢情愿，世生万物，同时也制定了万物相生相克的法则，在生物学中必然有生物链的最底层和最高层，其实真正的众生平等重要的是平等的生存权与慈悲心。

是吕碧城不懂此理吗？我看未必，而是她的理念久久得不到世人的理解，是反对她的世俗力量过于强大，便激起了她的锱铢必较的个性，不然为什么她在1928年12月25日之前虽然讲究护生，但自己也不是一个纯粹的素食主义者呢？

但从这天开始之后，吕碧城开始断荤。从那时起，每每看到割肉、烤鱼就会无比生厌，甚至觉得是一种罪恶。但要真正断荤并非易事，因为外面的饭菜不免有荤腥。为此，吕碧城虽然已经45岁，却开始学着亲自下厨，做的菜无非是将一些茄子、黄瓜之类的煮熟，然后加上面条等主食就可以饱餐一顿了，或许是心理作用，吕碧城吃起来竟然觉得味道极佳。

吕碧城积极呼吁要护生不要杀生，当时她跟国内的弘一大师和丰子恺一起宣扬护生运动，他们到处宣传其实护生并不是就是仅仅护住一只蚂蚁的生命，并非就是要人为地供养蚂蚁，而是要断掉自己的残忍之心，要修炼自己的仁爱之心，否则就会让残忍之心扩展，慢慢地便会嗜杀成性，侵略同种，杀戮无辜平民。

吕碧城更是将杰姆·麦克唐纳的《投枪行》翻译成汉语，在国内引起了不小的反响。麦克唐纳曾追杀过一头母鹿，不过母鹿在临死前对自己的孩子一片舐犊情深让他为自己的行为深深自责，便将猎枪投入湖中，从此不再狩猎。

其实吕碧城心中的众生平等已经紧紧地跟佛教佛法连在了一起，佛法不仅讲究宇宙间的一切生命平等，主张素食放生，还强调人与众生的平等。不知道是不是吕碧城将自己的人生经历融入了自己的人生哲学中，反正你总能在她的生命观中窥见她的一些过往，结果她在这种自我肯定中越走越远，最后跟佛结缘了。

II / 姐妹成隙

世事真的很奇妙,这里会有很多的缘分,有的是奇缘偶遇,有的却是与生俱来,譬如兄弟姐妹。谁又能否认自己跟自己的姐妹兄弟没有缘分呢?滚滚红尘中,能够血脉相连,那是几世修来的缘分啊,只不过这种缘分在有的人那里化作了款款情意,在有的人那里反倒成了某种藩篱。

吕碧城跟她姐妹的缘分就是后一种,吕碧城姐妹4人,单人而论,个个都是人中豪杰,女中翘楚,不过似乎越是这样的强者就越难凑到一起。

大姐惠如精通诸子百家,熟稔国学,可谓是一个巾帼宿儒。她从北洋女学毕业,后掌管了"国立女子师范学校",在1925年去世。惠如去世之后,她的姐妹便陷入了家产之争,

第八章 吕氏花开——同心姐妹花

特别是她的遗稿更是在这种争夺中遗失不少，甚是可惜。我们可以从吕碧城的一阕《减字木兰花·题先姊惠如词集》看出些端倪来。

  班嫤往矣，一代鸿才能编史。片羽人间，零落犹存漱玉篇。
  蝼蟾垂陨，雨横风狂凌病枕。萁豆煎催，偏在尘寰撒手时。

"蝼蟾垂陨，雨横风狂凌病枕。"便是姐妹有过争夺的最好证明，不过种种现象表示这种"煮豆燃豆萁"的争夺以吕美荪为甚。

吕碧城的四妹坤秀早在1914年就因病去世了，10年之后吕惠如也离开了这个世界，姐妹之中只剩下吕碧城跟吕美荪了，照理说她们应该相依为命才是，可实则却是不共戴天，个中原委，外人当然不得而知，只能从吕碧城的诗词中略猜一二。

《予之宗教观》：

  自此予于家庭锱铢未取；父母遗产且完全奉让（予

无兄弟，诸姐已嫁，予应承受遗产），可告无罪于亲属矣！

言外之意，家产都被美荪所夺，引得其他姐妹颇感不快。吕碧城在《浣溪沙》中说：

莪蓼终天痛不胜，秋风萁豆死荒塍，孤零身世净于僧。
老去兰成非落寞，重来苏李被趋承，不闻娈詈更相凌。

由此诗可以看出，吕碧城在成名前后，家人对她的态度是不一样的，这种势利的面孔表露无遗，最为可气的就是美荪曾对她恶语相向，于是便有了"重来苏李被趋承，不闻娈詈更相凌。"从中我们就可以看出姐妹的怨恨之深了。

美荪也同样在诗词中对她与吕碧城的关系有所提及，《寄和吕碧城四首》：

浩浩高秋凝暮烟，半林霜叶尚争妍。唯应冷眼看时谢，转绿归黄又一年。
空怜广乐梦钧天，我欲骖雪诣上仙。怪道年来风浪

第八章　吕氏花开——同心姐妹花

恶,长教沧桑不成田。

天花著处自成飞,一缀灵台为底悲。世界刹那千万劫,文殊何事苦低眉?

已看苍狗悠悠尽,何事人间倍苦辛。好白天风听涛去,自由自在雨吟身。

这是一首和诗,由此可见此时她们姐妹还没有完全决裂,至少是有书信来往的。至于她们真正决裂,有推测是她们的母亲在1913年去世之后的事情,原因为争夺遗产,具体为何,旁人怎好妄加揣测。

吕碧城姐妹4人,单一而论,何不都是风华绝代、才华卓绝,只不过似乎这样的人只适合独来独往,不适宜凑合在一起。然而上苍爱捉弄人,假使吕碧城四姐妹彼此没有血缘关系,她们会因才华结友,惺惺相惜,也未必不能;或者她们平庸平凡,便如其他兄弟姐妹一般,相濡以沫、互疼互爱也是常有之事,而上苍却非要将两者同时赋予她们姐妹4人,于是彼此的间隙便荡漾开来。

吕碧城姐妹关系的破裂成了一出让人不忍触碰的悲剧,其实是我们不懂俗事运作规律而已,吕碧城姐妹相隔不是因为她们血脉相同，而是因为她们才华不分上下。就如同两颗发光的恒星是不可能相隔很近的，一座山上是不能容忍有两只老虎一样的道理，大自然其实早就将这样的道理明明白白摆在了我们面前，只是我们不明白或是不愿明白而已。

在生活中，我们常常惊叹造物主的神奇，它将如此俊美的山水布置到我们生活的空间中，它让如此才华的女子出现在同一个家庭。又或许这种才华是能流传的，从父辈流传过来，从耳濡目染中流传过来。

美荪跟吕碧城一样从小受到家庭文化的熏陶，对诗文情有独钟，并颇有建树，特别是在文学修养上跟吕碧城难分伯仲。美荪一生与教育结缘，先后在北洋、奉天、江苏、安徽等女子学校教书，桃李满天下，为民国杰出女教育家。

闲暇之余，吟诗作词一直都是美荪的爱好，著有《辽东小草》若干卷，20年代广交诗坛宿儒，其乐无穷。美荪于1929年移居山东青岛，慢慢淡出教育界，开始了读书作诗、看山观海的优哉游哉的生活。1935年，美荪乘船东赴日本，广交政界要人和文化名流。1945年病逝于上海。

对姐妹二人的仇怨，亲人朋友倒是想过让二人和好，特别是吕碧城从欧洲归来之后，这种撮合就不断，毕竟血脉相同，难以决绝，不过吕碧城对此似乎没有任何回旋的余地，旁人说得多了，她就回一句"不到黄泉，不会再见！"说完还会朝观音像膜拜一番，众人见状，也就无话可说了。

亲生姐妹之间竟生如此隔阂，其实不能怪哪一个太薄情，只能怪人太多情，多情人总会种下这样的前因，所以他们也会承担这样的结果。不管是谁都想要没有烦扰、纷争地过此一生，但万事岂能遂心意？身边总会是劲浪不止，有时恰恰是距离最近的人在"兴风作浪"。纵然经历过沧海桑田的人会对此无动于衷，但谁叫我们曾有过青葱岁月，哪里控制得住自己那驿动不已的心。

吕碧城跟美荪都过于敏感，这在于她们太过了解对方，所以稍有风吹草动便会崛地而起，似乎只有隔绝了对方才能"尽心上"，殊不知，如何经营自己的生活，如何酿造自己的情感，全然在自己的心性。

不过一切后天的情感纠葛都抵不过骨肉之亲，一时一地的隔阂都是可以消逝的。表面上，吕碧城、美荪姐妹已经完全决裂，其实二人还是有来往的，特别是到了晚年，此时的吕碧城因为专心佛法，对一切都看开了，也没有了年轻时的气盛。1940年，吕碧城回国之后就给二姐美荪写了一封信，信中劝她多吃素，有益于身体，据说是"书词激切"。

而美荪也一直关注着吕碧城的情况，在《吕碧城居士传略》中有"今正初，美荪忽泫然来告曰：'吾妹已于1月24日晨在港圆寂矣'"。文中还记载了她到香港去处理吕碧城的后事。

真正探究姐妹二人失和的原因，最有可能的是她们都是才华横溢的人，有才华的人就有个性，吕碧城更甚。前面提及争夺遗产之事，应该可以排除，因为她们出生大户人家，也未遇到过经济上的窘迫，不会为了区区银两而锱铢必较。美荪在各地都有置产，吕碧城更是游刃有余，两人的隔阂多半是意气之争，且一旦挑起便无人认输，久而久之便成隔阂。

坤秀是吕碧城的四妹，也是一位诗人，后做了一名教师。不过为了侍奉父母，坤秀终身未嫁，并在27岁便早早离开人世。

不是吕碧城天生薄情，而是她曾受伤太多。原本的她或许没想到过要招摇过市，要游学海外，要办女学、兴女权，恰恰是她年少时的遭遇破坏了她想要行云流水一生的人生态度。命运给了每个人不同的安排，既然命运让吕碧城如此，那她就顺着天意，自己在舞台上大肆展示了一番。

第九章

——芳踪留欧美

I / 他乡寻欢

几多男人,成就了吕碧城,吕碧城却不为所动,连头都不转一下,径自前行,她成就了她自己,只有到此时,她才转身还人世惊鸿一瞥,不过此时她已距离凡尘好远好远。

吕碧城的美丽可谓悄然生成,不过她却难逃木偶之命,被人点了眼睛,虽然有了活气,却要遵循着某人的牵引。不知是谁点了吕碧城的眼睛,她按照女人内心的指引翩然前行,本来是要寻找自己理想的归宿,却因走得过快而超越了时代的步伐,这是一种幸运还是不幸,不得而知。

探路者不光只想看迤逦的风光,也要附带承受孤独寂寞,况且天涯之大,哪里才是吕碧城心中的净土?

每个人心中都会有自己的故土,不管那是一个丰韵之地,还是一个不毛之所，注定是一生都无法替代的。为什么呢？那是因为每个人来到世间，睁眼看世界的第一眼，世界便是自己的故土，第一次的吃喝拉撒都跟自己的故土有关，"第一"无论在哪种语境下都是一个特别的词，不是那么轻易就叫人忘记的。

对故土情结最深的不是那些一生永远留在自己故土的人，这些人的血液中虽然流着浓浓的故土情，但要在情感上表达出来，则是有难度的。对于那些难以安分的人，特别是在当下流动的社会中，每个人一出生似乎注定要承担乡思，乡思最重者莫过于那些"事业有成"的人，特别是当他们登临绝顶之后，才发现章是没有起点的承担，自己断然是上不了这高峰的。

读起吕碧城的传记来，那个繁花热闹的欧洲城市也似乎跟她悲切起来。自古多情伤离别，吕碧城的离别没有在她的故国表现出来，却远远地跑到了几千公里之外的陌生之地悲切起来。是她不忍让故友亲朋看见，还是本身就是一个情感不敏感的人，不得而知。不过可以确定的是，她对故国的那份情感，如此之深！

1926年，吕碧城再一次来到了欧美，她精通英语，还略懂一些法语，对于基本的沟通，她已不在话下，加上她生性豪迈，出手阔绰，每到一地便交上了不少朋友，并渐渐成为那里的中心。

吕碧城的欧美生活，多的是跟灯红酒绿、迎来送往相关，望见她那有些"放浪形骸"的背影，哪里还有半点儿文人的气息。其实不然，吕碧城的这种"放浪"正是乡恋折磨的结果。异国生活，固然不缺吃喝，但那份味道远远不及家乡的多滋；那种感觉，远远赶不上故乡的悠远。一边是故国的没落凋零，一边是他乡的骄奢淫逸，两相对比，让吕碧城徒生各种迷茫与悲苦。

所谓天将降大任于斯人也，其实不管是谁，一出生必定都要承载着这样或那样的"大任"与"小任"。人之初，性本善，每个人都是带着一颗纯洁的心来到世间，不过凡尘很快就会让人"认清现实"，烦扰也就不请自来了，于是杯酒、舞会、烟卷……便成了最好的消愁路径，一边打发自己，一边等待下一场的烟花漫烂，不过等来的多半是更加的寂寥与无奈。

人生中更多的使命是自己施加给自己的，吕碧城原本可以做一个潇洒由己的自由人，但她却硬是将时代的命运跟自己绑在了一块，还不自量力地企图以己之力撼动现实，结果岂能不心灰意冷？

时下流行"神马都是浮云",要是几十年前的吕碧城能听到这句话,不知道能不能解下她的心结。虽然每个人都带有自己的使命来到世上,但人终归是世间的匆匆过客,谁也不会永远停留,谁也不能力挽狂澜,不如尽情地挥霍自己年轻的精力,透支自己年老时的希望。

不过人生的哲理奇怪就在于:只有经历过后才知晓,虽然我们的前辈们总是不吝给我们很多答案,但几乎没有人会完全照搬照抄,只有当你头破血流,留给你的精力与时间寥寥无几的时候,你才会明白凡尘世事的答案,很多都跟前辈们给出的一样,此时后悔已然毫无意义,不过就算是有后悔药,我想能够真正吃下去的人也不会很多。其实每个人的一生都是一本哲学,读者是外人,或者是他自己。

吕碧城的美国之行是以旧金山做起点,在那里,她见识了3000年的红树,为此她不惜忍受一路从汽车、轮船到火车的折腾。虽然早有心理准备,但当她终于到达旧金山的了达塔马利派斯山时,她还是被那参天的古木给震撼了。

时间是个很奇怪的东西,不管它附着在什么上面,一本书、一棵树、一个杯子、一尊塑像,甚至是一块岩石,都能让人感受到一种莫名的深沉感、震撼感。是不是人们在冥冥之中明白,人的一生跟历史比较起来，是何其渺小、短暂，终究会消失殆尽、毫厘不存，这样自然就会对历史心存敬畏了。

要说旧金山留给吕碧城最深印象的，不是那千年古木，而是那严苛之极的法律。美国法律规定，如果有人敢在市政厅划一根火柴就会受到50美元的罚款，如果有人在电车上吐一口痰就会被罚款500美元，这在当时可谓是天文数字。

欧美人对公共空间异常重视，他们眼中的公共空间是真真正正属于他们每一个人的，如此重的罚款让见惯了在公共空间"懒散"的吕碧城有些不适应。

离开旧金山之后，吕碧城又回到了洛杉矶，洛杉矶吸引她的是卓别林、范伦铁诺的故居，谁叫她是一个影迷呢。之后，吕碧城去了美国大峡谷，在这里，她算是见识到了大自然真正的威力，那里到处是怪石嶙峋，鬼斧神工。吕碧城是一个对一切新鲜东西都感兴趣的人，她想要知道这样的石头是如何形成的？有人说是地震，有人说是洪水，她最后还亲自下到峡谷去做了一番考察呢！

之后，吕碧城开始了她的欧洲之行。第一站，她来到了法国巴黎，不过在这个浪漫之都，她似乎过得并不如意。她游览了凡尔赛宫，不过因为穿着新买的皮鞋不合脚，很快脚就磨破了，这让她失去了继续旅游的兴趣，按照她自己的话说就是"只看见几辆破旧的御用辇车而已"。

人是个奇怪的动物，原本想象中的好心情却会因为一些莫名其妙的小细节给打破，对吕碧城这样一个天生躁动不安的人更是如此。她凡事精益求精、吹毛求疵，很难容忍这样的一个浪漫之都会被脚的疼痛所打扰。

其实凡事又哪有那般的完美？对世事的苛责多半不过是心生的烦扰而已。巴黎这个浪漫之都，有多少人在这里浓情深爱，有多少人在此触嗅那亘古的暧昧气息，有多少人在此闲望云卷云舒，不过对吕碧城而言，这一切早已湮没在凡尘的洪流中，留下的只有自己真切的感受，只有那隐隐的不合时宜的疼痛！

偶然是个很怪的东西，世间正是有了如此之多的偶然才创造出诸多的惊喜，才铺设出那么多的奇遇，才勾勒出无数的想象中的色彩来。其实这个世界没有太多的必然，一切都是随缘，要么是人遇到了对的物，要么是物碰到了对的人！不同的人遇到不同的景致，抒发出来的情感并非一样；相同的人在不同的地方心生的感慨也有区别。

同样是在欧洲，平心而论，意大利的景致并非要比法国好得多，不过对吕碧城而言，对意大利的感觉却要比法国好得多，似乎这就是她的桃花源。吕碧城去了日内瓦湖畔的蒙特勒，在面对那几乎是画卷中的色彩和布局的时候，才华卓绝的她竟然只能够用连声的"不错"来应对，恰似一个俊俏的男子在最心动的女孩面前的胆怯与笨拙。

如画的景色最终还是敌不过吕碧城那满腹的诗华，看到那湖光山色一体，朝霞积雪相映照，她说出了"晓来江气连城白，雨后山光满郭青"；继而见到旭日东升、霞光满天，色彩绚丽无比，她又以"漠漠轻阴向晚开，晴天白日映楼台。曲江水暖花千树，为底忙时不肯来"来抒发情意。

3天之后，吕碧城或许对蒙特勒已经有感觉了，也不惜用别人的诗来表达自己的感情，于是自己赋诗一首：

谁调浓彩与奇香，造就仙都隔下方。海峡花城胜艳，霞渲雪岭炫瑶光。

鸣禽合奏天然乐，静女同羞时世妆。安得一廛相假借，余生沦隐水云乡。

别离蒙特勒后，吕碧城乘车前往佛罗伦萨，火车旅行时间长，慢慢地她就跟周围的人熟悉起来，特别是她那东方人的面孔更是让旁边的意大利人感到好奇，吃饭的时候大家都将自己随身带的好东西拿出来一起分享。

当吕碧城得知自己到佛罗伦萨的时间是午夜的时候，觉得很是不方便，便决定中途下车。车上的乘客误以为吕碧城弄错了，就告诉她这不是佛罗伦萨，不让她下车，由于言语不通，双方交流很久才得以明白。

这些意大利人之所以对吕碧城感兴趣，一是她面容姣好，另外则是因为她跟"传说"中的中国人很不一样：面黄肌瘦、衣衫褴褛、脑袋后面还有一条小辫子……

人似乎总有以偏概全的倾向，相互见面也会在第一时间搞清楚对方是哪里的人，好因人而异！你若是东北人，便知道你豪爽，不会斤斤计较；你是江南人，便觉得你诗书气自华，满腹经纶。

一方水土一方人固然不错，但人毕竟不是动物，他们总会四处奔波，特别是现在是信息社会，交流频繁，在很多人身上哪还能发现他们籍贯的半点儿影子？都说环境弄人，谁说不是这样呢？世间百态，你必定要亲自去尝尝，才知其味；人分种种，你必定要亲交亲往，才知其良莠。如果仅凭一个维度就企图将这尘世看透，那这世界又有什么存在的意义呢？

人在陌生的地方最无助，也最容易将心调回到最纯真的状态，那个时候你多半是本我。因为似乎周围的一切都与你无关，都对你无所谓，你就像透着有色玻璃观察外面的世界一样，目及每一个角落，眼光扫过每一个人，反之却无人知晓你的存在。

旅途注定是新鲜的，也正是如此，钟情于旅途的人皆是些"喜新厌旧"者，不过显然吕碧城并非属于此类，那她缘何常年漂泊异乡？那是因为吕碧城人生孤寂，她试图以新鲜来冲淡人生的虚无，不过就算是走遍天涯海角，她将虚无的人生冲淡了吗？似乎没有，反而更虚无了！

躲开尘世纷扰，归隐青灯古佛旁，或许可以逃过劫数，心如止水，度此余生。

欧洲对吕碧城而言是陌生的，在这陌生中旅游，必定是寂寞与乐趣相伴随的，因为人生地不熟而寂寞，因为新奇和经历而充满乐趣。

一次，吕碧城在一个景点排队乘坐马车，这里的马车是4个人坐的双架马车。因为出行的几乎都是情侣，等到分配马车的时候只剩下吕碧城一人了。这该如何是好？本来眼见一对对情侣亲昵地悠驰而去就难免心生几分忌妒，最后只剩下孤零零的一人，岂不懊恼？正当她要发怒的时候，导游给她找来了一

第九章 天涯芳旅——芳踪留欧美

辆两人坐的独架马车,虽然这已远够她一人乘坐了,但想想花同样的钱,别人都是双架马车,自己的却是独架马车,甚感不爽。

导游这时候给她找来了一位绅士陪同,还对她说:"您现在多一位先生陪伴岂不比多一匹马强!"吕碧城听完呵呵大笑,这原本就算不得是一个很大的问题。之后她每每想起这事,还是忍不住发笑。生活不都是这样吗?那些真正能让你发笑欢心的其实又多有笑料呢?只不过是你亲身经历过,你能赋予它更多的内容罢了。

从佛罗伦萨走了之后,吕碧城来到了罗马,一到罗马,吕碧城一下就镇住了:整个罗马城军警林立,各式各样的服制、闪闪发光的佩剑、高高挺挺的靴子,这已经不能够仅从外表来形容了,它反映了一种民族气质,映射了一种文化底蕴。吕碧城的诗瘾又犯了:

> 夕照璜金灿古垣,罗京写影入黄昏。海波净似胡儿眼,石像靓传戎女魂。
> 万国珠槃存息壤,千秋文献尚同源。无端小住成惆怅,多事回车市酒门。

诗人对古城似乎都有一种别样的眷念，吕碧城决定在罗马小住一段时间，古罗马市场、斗兽场、梵蒂冈圣彼得大教堂……吕碧城一一游览，不过最让她印象深刻的还是加波西尼教堂，那里面有成千上万的骷髅，吕碧城却没有一丝害怕和厌恶的感觉，走到里面去还不时用手轻轻抚摩那些骷髅，用指尖弹一弹那些头骨。

世界上的很多民族其实对死亡更多的是敬畏而非害怕，更多的表达的是一种血脉相传而不是一种终了。世上万物生生不息，老叶脱落，新芽萌发，波涛后浪推前浪，不都是死亡与新生的交替吗？生死更换的只是你我，不变的是生命气息。那么鲜艳的花朵慢慢凋谢去了，那么活泼好动的青年垂垂老矣，又何须伤感呢？向前看，有未来；向后看，有历史，这不是最好的永不断裂的纽带吗？

旅途之人最怕傍晚，因为傍晚时分百鸟归巢时，是我们回归自己家的时刻，此时的家已然成为了一个符号，且不论富贵与否，只要有一个标记，便会心安。

吕碧城漂流在外，表面风光无限，但每每到了傍晚，便油然而生一种惆怅。她就像一个行者，策马行进在羊肠小道上，那里有清清的溪水环绕的村庄，树林里洒满了太阳的余晖，茅草房里已经飘出了缕缕炊烟，一切都表明天快黑了，该回家了！

吕碧城下意识地挥了一下马鞭，马快步奔驰了起来，那一行青山越来越近，然而长空漠漠，看不到边际，衰草离离，一望无垠。她默然才明白：就算自己骑的是千里马，那又如何呢？跑得越快不是离家越远吗？于是她干脆停了下来，任由天空暗下来，看着自己就这样一步步在忧愁中老去。

游览欧美各国，吕碧城显然被那里的山水给震撼了，虽然那时她并非钟情于山水，然而山水还是感染了她。

造物主将人类跟大自然打造得一样地神奇，可惜的是我们平日里只学会了将自己的聪明用到了烦琐的名利之上，怠慢了跟自然的交流。一旦交流上，便不忍断掉，于是那些常年纵情于山水的人早已经形成了一种习惯，他们不必非得翻越名山大川，只要能跟自然最贴近地交流，哪怕只是路边的一棵小草，他们也感觉足矣。

Ⅱ / 蜚声欧美

兽有兽性，人有人性，不过总有一部分人会将人性置于兽性之上，认为人性更高级、更文明。人似乎也做惯了这个星球的主宰，一切以人的需要为标准，一切以人的道德来衡量，那兽类就只能屈居于人之下了。

人在尘世中作威作福似乎已经很久了，因此一些人开始忘却了自我，开始在如烟似海中丢失自己，除了自我，似乎这个世界已经没有中心了。

让我们来看一看罗马城中那一尊传世的母狼雕塑吧。传说古时的意大利有一位西利维亚公主，她应该继承王位，不过却被她的叔叔给篡权了，不仅如此，西利维亚公主还被他逼迫到

第九章 天涯芳旅——芳踪留欧美

修道院做了修女，不知为何，公主却未婚先孕了，这可让她叔叔找到借口了，便以不守妇道为由将其活埋，并将她的两个孩子丢入梯伯尔河中，但两个孩子大难不死，被一只母狼所收养，两个儿子长大之后为母报仇，最终在公元前735年4月21日建立了罗马国。

吕碧城在母狼的塑像前浮想联翩，野兽跟人也有共性，哪怕是凶猛的野兽，野兽也有"善"，只不过它的善不被列举出来而已，反观人的杀生，为私利谋害同类实则是可恶至极。曾几何时，我们还是那拥有最善心、最仁心的人，不敢目睹杀鸡的惨状，将掉出巢的幼鸟放回栖息之地，但如今却为蝇头小利尔虞我诈，用尽心机。吕碧城不能在如此的尘世中呼吸，于是她逃出了熟悉的地方，来到了一个完全陌生之地，寻求短暂的清宁。

因为要去巴黎办事，吕碧城便离开罗马踏上了去巴黎的火车，在火车上还发生了一件事情，让吕碧城的性格体现得淋漓尽致。火车在其中一站停下来的时候，上来了两个老者，坐在吕碧城旁边，一会儿工夫抽起雪茄来了，他们递给吕碧城，她婉拒了。又到一站，上来两个女子，坐在吕碧城对面。

午餐时间到了，吕碧城去了餐车用餐，回到座位上的时候只见对面两个女子在座位上吃得满脸油污，甚是狼狈，此时老人递给吕碧城一支纸烟，这次吕碧城没有拒绝就在座位上抽了起来，对面那两个女子不愿意了，让她把烟掐掉，吕碧城没有说什么，掐掉了手中的烟。

没过一会儿，那两个老者又开始抽上了，对面的女子却什么也没有说，这让吕碧城非常生气，便对她们说："为什么他们抽烟你不管？""你抽的时候我们在吃饭，现在我们没有吃饭了。"这显然是最明显的托词。吕碧城哪里管她们，径直掏出一支纸烟抽了起来，最后还是那两位老者出来圆场，事情才算得以了结。

很多人都认为吕碧城应该有安静素然的优雅，有不染凡尘的纯粹如一，这其实是对她的误判，不过对如吕碧城一样才华卓绝、面容姣好的女子，被世人误判的又岂止吕碧城一人！吕碧城的这种性情使然完全是一种回归，一种最简单的回归；褪去自己一切的荣辱，只是就事论事而已。最真实自我的生活无疑是最轻松、最简单的，倘若一切瞻前顾后，那该多么乏味，人生又有什么意义呢？

之后吕碧城去了维苏威火山、庞贝古城、维也纳，再回巴黎一路几经折腾。1928年，吕碧城到了英国，初到英国，她被

第九章 天涯芳旅——芳踪留欧美

雾都弥漫的烟雾弄得目痛喉痒，简直是难以忍受，她还不得不去内务部登记，否则就会被重罚。

在英国，吕碧城悉数游览了大英图书馆、大英博物馆、水晶宫、伦敦塔、上下议院、皇家画院、西敏寺教堂。游览伦敦塔的时候，她了解到1554年英国王室的那场血腥的内讧。当时英国正在实行宗教改革，新教跟天主教水火不容。国王爱德华六世在临死前谋划不让信奉天主教的玛丽公主继承王位，而新教教徒伊丽莎白公主又不愿意卷入当时的是非之中，于是最后决定让建格来继承王位。不过爱德华一死，大家就开始争夺王位了，建格来被玛丽女王杀死，血腥场面，惨不忍睹。

吕碧城几多感慨，就写下了《摸鱼儿·伦敦塔吊建格来公主》：

望凄迷寒潞衔苑，黄台瓜蔓曾奏。娃宫休问伤心史，惨绝燃萁煎豆。惊变骤，蓦玄武门开，弩发纤纤手。嵩呼献寿。记花拜螭埠。云扶娥驭。为数恰阳九。

吹箫侣，正是芳春时候。封侯底事轻负？金旒玉玺原孤注，掷却一圆鸳脂。还掩袖，见窗外囚车。血浣龙无首。幽魂悟否？愿世世生生。平林比翼，莫作帝王胄。

历史是无情的，它会将曾经的一切在历史的长河中消失殆尽；历史又是最有情的，因为它总会让本该正义的正义、本来邪恶的露出它的憎容。回首历史，看那曾经的硝烟四起、你死我活，又有多少是值得的呢？就算是一将功成，还不是会被历史放逐？

吕碧城似乎更是懂得这些道理，所以她只"愿世世生生。平林比翼，莫作帝王胄"。这种企盼诗意又真实，不过在凡尘中，又有谁能够在刀剑上行走而不伤身？又有谁会深陷泥沼而不被玷染？谁都想云淡风轻地度过一生，不过最后都成了岁月与凡尘的奴仆，等到会回首的时候已经晚矣！对历史，我们往往会做个理智的"旁观者"；而对当下，我们却屡屡"当局者迷"，吕碧城不也是这样吗？

1928年除夕，吕碧城穿着自己设计的晚礼服来到"摄政宫旅店"用餐，突然间，她暗自好笑：自己头上也戴着珍珠，不过这是非常安全的，因为珍珠到处都可以买到，只要买得起，自己就可以给自己加冕。而那些王室的成员，为了国王的那一顶帽子，却要血流成河，何其值也！

吕碧城一直在欧美飘荡，游山玩水、赋诗作词，看似好不洒脱，其实内心对故国与故土一直是难以割舍的，她在《减字木兰花》中写道：

兰荃古艳，谁向三千年后剪？移过西洲，又惹东风万里愁。

湖山丽矣，但少幽情如屈子，花草风流，彩笔调和两半球。

虽然在外游历满足了自己独立处世的愿望，却又难逃凄清孤独之感，"千秋悲屈贾，数到婵娟，我亦年来尽堪拟"，可真所谓万事难完全！

几多游历，几多经历，已经让吕碧城没有了初次出游时的那种兴奋，再好的景致，她也无心去欣赏。

红颜易老，青春易逝，很多时候吕碧城就觉得自己就是那个黄粱一梦的卢生，被人送了一个枕头，靠着靠着就不知不觉睡去了，梦中，她几多挥斥方遒，几多策马杀敌，不过等到梦醒时分，便是梦碎之时。与其这样还不如不睡着，虽然现实不尽如人意，但至少不会带来巨大的反差。

时光如荒野，历史如洪流，那个叱咤风云、风光闪耀的吕碧城陡然间默默无闻了，那真是"十年千里，风痕雨点斓斑里，莫怪怜他，身世依然是落花"。

聪明的人都容易理想化，吕碧城亦是如此。其实现实生活未必能跟想象中一样，越是跟想象有差别越是让人放大，越是不甘心。吕碧城虽然一直被现实的不完美触碰，但她始终不开窍，顽劣如斯！

我们都知道吕碧城是一个佛教徒，主张万物平等、好生之德，但没有一个人能选择现实，不管你是才子还是佳人，吕碧城的这个主张常常在现实中受伤，根本得不到理疗。

1929年，吕碧城受邀在维也纳参加国际保护动物协会的大会，在会前征集她意见的时候，深信佛教的吕碧城就直接指出不光要禁止虐待动物，还要禁止屠杀动物，这对那些以肉食为主的欧洲人来说是断然不可接受的，于是大会秘书就告诫说不要在会上提及废屠，不过让个性耿直的吕碧城给回绝了。

5月12日，大会正式开幕，吕碧城是唯一出席的中国人，她被排到第三个出场，尽管她没有受任何单位和机构的委托，但是作为中国人，吕碧城在发言中处处宣扬中国文明，维护中国尊严。

她说中国五千年的文明历史就有保护动物的传统，如周朝

第九章 天涯芳旅——芳踪留欧美

就有天子无故不杀牛，大夫无故不杀羊，士民无故不杀豕，百姓平常吃的都是大米蔬菜而已。中国儒家历来主张滥杀，"见其生不忍见其死，闻其声不忍食其肉"。在欧洲虽然大谈特谈动物保护，却不禁止屠杀，这岂不是自相矛盾？这是当前世界文明的重大耻辱。

世界的和平靠的是人心，靠的是公道、正义和仁爱的精神，而不是仅仅靠国际条约来维持。如果全人类都有了这样的精神，就能够推己及人，由本族推往异类，这样才能够真正实现世界和平。吕碧城在大会的发言引起了很多人的共鸣，下台之后，许多人围住她，对她的观点表示赞成，还让她签名。

5月14日，吕碧城牙痛到医院拔牙，虽然牙医已经为她注射了4次麻药，但在拔的时候仍让她心脏震跳不已。吕碧城联想到人们在屠宰牲畜的时候，它们将是一种怎样的心惊胆战啊。

此时她联想到一天晚上，一只老鼠正要钻入她书桌的抽屉，急忙间，她关上了抽屉将老鼠的两条后腿留在了抽屉外面，她用剪刀将老鼠的后腿剪掉，然后将其打死。现在想想，那是一种怎样的残忍啊，虽然老鼠传播鼠疫要将其消灭，但也不至于如此残忍啊。

坚忍如此的吕碧城，在无法说服世人放弃杀生后，只能管住自己不杀生。每个人都是啼哭着来到这个世间，但这哭声意味的是希望；很多人带着微笑离开尘世，但笑声里却满含着历尽沧桑的味道。

谁又不曾希冀掌控世界，将理想化为现实呢？但百年沧桑，岁月变迁，多少人事面目全非，能将自己的人生轨迹把控住就已经很是不易了。吕碧城或许也只有在放掉被自己抓住的老鼠的那一刻才如此悟出！

参加这次会议，让吕碧城的照片在世界各大报纸上亮相，她原本就容貌俊美、气质高雅，虽然此时已近中年，但风姿不减，为此她得到了不少的夸赞：樊增祥就曾夸赞她说："耽香爱洁俭妆梳，尘拂瓶花伴读书，乞与肉身水仙号，满衣香雾女相如。"步章五这样描述吕碧城："曾挟飞仙谒圣因，吕碧城飘渺绝红尘。坤兴众说多灵秀，自谓平生见此人。"苋莓的《记吕碧城女士》一文这样描述吕碧城近天命之年的风采："凤以惊才绝艳，蜚声内外，往岁漫游新大陆，捻脂新韵，江山生色，而服饰游宴，盛为彼都人士称道，吕虽已跻盛年，而荣华焕发，犹堪绝代。"如此便知道吕碧城的天生丽质、优雅超逸了吧。

特别是在当时的欧洲并不多见中国人,且在她们心中,中国人都是丑化无比,她们初见吕碧城这样风华绝代的人很是兴奋,多多报道也就理所应当了。

聪明的女子会适时地在舞台上展现自己的身姿,但她又不至于太过招摇,她只有一笑一颦,但却做得恰到好处,一下子便吸引了太过的目光聚集。此时,她不是一个舞者,而是一尊美丽与智慧的化身,她懂得对投来的目光莞尔一笑,那份温暖便传递过去了。

她轰动了全场,却又显得那样的无意而为之。百花凋谢,她还怒放着,不是她开得久,而是她将自己分成若干朵小花,渐次开放,让自己美丽延长的同时也更久地芳香了他人。

每个人来到世上都带有使命,只是有的时候行使了某种使命却还不得而知。吕碧城就担当了这样的一个角色,她颠覆了欧洲人对那个时代中国人的某种成见,她一个人的力量远远大于很多次的宣传。不过对于这时的自己,吕碧城应该是既熟悉又陌生,既陌生却又熟悉吧。

如果要在清末民初找一个传奇,那无论如何也跳不过吕碧城了,她具有传奇需要的高度:她是诗人、政论家、社会活动家……她也在多方面成了第一个吃螃蟹的人:她是中国第一个女编辑、女校长、第一位动物保护主义者……她还有传奇者具有的丰富经历：她逃过学、办过学、旅游过，做过慈善，最后皈依佛门。只要有所涉猎，她便会做到极致，于是她成了各行各业的先行者，回望历史，你能看到各路人马跟在她后面疾驰。

第十章
飞花溅泪
——凄然的心

I / 往事付云烟

　　都说相逢是首歌，只有相逢才能体味离别的惆怅，也只有离别才能珍惜相逢的苦缘。一个守旧的人，对于相逢这首歌，更能激起他随之唱和，那种凄凉，那份苦楚，歌唱着，就已经让人泪眼婆娑了。

　　一个才女，一个美人，无缘无故多了如此这般的别离，遥望那渐行渐远的年华，昨日风雨楼中的凝望、豆灯下的研读，恰似电影一般就在眼前，却不忍触碰，因为自己早已明白，这只是幻影，昨日的昨日，早已随着那姣好的容颜一并更换了。

　　容颜一旦遇上岁月，便止不住地慢慢凋零，不过凋零的何止是容颜，岁月也一并凋零了。岁月无时限，回眸只需一瞬间。人生如花，开了会谢；人生又不是花，谢了不再开。

第十章 飞花溅泪——凄然的心

吕碧城的生活总是在别离和相逢中交替，1933年冬天，几经漂泊的她从欧洲回国，定居上海。两年之后，她又辗转到了香港，并在那里买了一栋房子，打算长期定居下来。

回国，对吕碧城而言只是一种仪式，只是一种要用身体去证明自己的心迹而已，因为她的心一直没有离开过这里。心在故国，身在海外，那种身心分离的痛苦，想一想，便觉得有一种撕裂的痛，不过其中的真切感受，只有吕碧城自己知晓。

寂寞是可以传染的，何况吕碧城天生就是一个孤傲的人，她不会为凡尘之事掉眼泪，她懂得世事的无情，就算你哭，又会有谁疼惜你的眼泪呢？怪不得像贾宝玉那样一个婉转缠绵的人，听戏也兀自悟了："赤条条来去无牵挂。"

吕碧城的幽怨源于她对想要的一切无法把控，源于她真心地付出无法得到应有的回报。当一切都随着时光的流逝而成过往的时候，她能拥有的只有自己和记忆了，于是她走到了另一个极端，干脆离群索居，她看透了人生，看不透的只有自己。

想要的，往往都从手心滑走！

吕碧城在香港买了房子，不过等到搬进去时，却发现其中的房梁早已经被白蚁啃噬得千疮百孔了。

或许是因为久久停留在诗词的意境中，又或是自己财力充足,对现实的一切,已然没有了概念或是无所谓。吕碧城竟然花钱买了一栋被白蚁蛀过的房子,比起当下一些人在现实中的锱铢必较、如履薄冰,她的那份单纯、那种无所谓往往让人莞尔一笑:笨笨的女人!

如何处理这房子呢?一方面,吕碧城可以找人施药治白蚁,虽然这些白蚁对人是百害而无一利,不过想想那些活生生的生命会转瞬间彻底离别这个世界,笃信佛教的吕碧城还是不忍心,于是放弃了这种办法;另一方面,她可以将蛀有白蚁的房梁换掉,此时的吕碧城又想到了自己年轻时候的颠沛流离,并把那种苦楚通感到了白蚁的身上,于是她又放弃了这种办法。

几番考量,别无他法,最后吕碧城只好将这房子贱卖给他人,其实她自己心知肚明,如此一来,白蚁的命运也是凶多吉少,但此种情况下,自己也只能是眼不见,心稍安而已。这种生活中的无奈,吕碧城无人能述说,无人能倾诉,只能够让自己慢慢地消解这份无奈罢了。

其实,人生不就是由这样或那样的无奈组成的吗?你有你的无奈,我有我的无奈,付出不一定就有收获,真心不一定就会有回报,更多的时候只能是你自己甘愿那没有结果的付出,只能是你单方面不得回应的倾心。不过只要你对生活真心实意,

第十章　飞花溅泪——凄然的心

懂得适时地善良惬意，又何必去费心在乎那生活中方方面面的无奈呢。

吕碧城的无奈很明显，但她从不就此絮絮叨叨，偶尔表露也只是蜻蜓点水而已，这就是一种境界。有道是覆水难收，却还有沧海桑田，春去春归，花开花谢，就让一切在这轮回中消解掉罢了！

早早就站上了舞台，盛大的帷幕终于缓缓拉开，这才发现，观众台上空无一人，原有的激情荡然无存，就算她是独舞，也要观众，不为那份呐喊，不为那份掌声，为的是那份气场、那份隆重。只可惜这一切都没有，因为那个时代已经没有了，那些人也已经不在了。

每每失意，我便会读柳永的"且恁偎红倚翠，风流事、平生畅。青春都一饷。且将浮名，换了浅斟低唱。"

柳永是一大才子，但他终究未能如白鹤一般一飞冲天，只落得寂寞疏狂。这种寂寞不是他的寂寞而是世人的寂寞，是世人不懂他的寂寞；这种疏狂不是他的疏狂而是世人的疏狂，是世人难以企及他的疏狂。

吕碧城像是得到了柳永的真传，她将人生完全放开了，依着内心前行，管他世情俗律、仕途名利！

不管多么风华绝代的女子，都会成为岁月的俘虏，越是在意那花容月貌，越会被岁月俘获。恰恰是那些大方地将容颜交给了岁月的女子，她们更多地用心在灵魂的装扮上，最后她们赢得了不老的青春，胜过了那曾花容月貌的美人。

都说"韶华有限恨无穷"，是的，相较于无穷尽的岁月，人生何其短暂；相较于人生命的短暂，人的心性何其远大，理想跟现实就有了天然的矛盾，除了那些天才能在最短的时间内达致最远的理想之境，更多的人便不可避免地体会到那种现实跟理想断裂成的缺憾，虽然是缺憾，有人却用诗词将它浪漫地表现出来，她就是吕碧城。

吕碧城也逃脱不了这种缺憾，只是她的缺憾更多的不是自己，而是跟那个时代有关，这不能不说是一种高境界的缺憾了。这种缺憾也并非吕碧城一人独创，早在《楚辞》中，就有"悲莫悲兮生别离，乐莫乐兮新相知"；在《诗经》中，有"蜉蝣之羽，衣裳楚楚。心之忧矣，于我归处？"曹操也曾发过"对酒当歌，人生几何？譬如朝露，去日苦多"的感慨；李白也曾流露出"月既不解饮，影徒随我身；暂伴月将影，行乐须及春"的孤寂；岳飞也有过"莫等闲，白了少年头，空悲切"的叹息。

吕碧城显然踏入了那些先贤们的心迹，在理想跟现实之间

第十章 飞花溅泪——凄然的心

踽踽前行,虽然步履蹒跚,甚至跌倒出糗,不过在后世者看来,那将是一个多么大的勇者所为啊。人生时光,犹如白驹过隙,留给人抉择的时间并不多,在吕碧城之前的那些先贤时彦作出了自己最好的人生抉择,不知吕碧城是被他们所引导还是遵从了内心的引领,他们在摆脱了命运囹圄的局限后,达致了一个超脱的境界。

虽然这些先贤时彦谱写了最好的励志故事,但对于历史本身无疑不是一个悲剧,悲剧在于为何总有一个时代需要个人承担那种缺憾之痛。

哭与笑是人一生中最多的两个表情,但哭并不永远意味着伤悲,有喜极而泣。笑也不永远代表着喜悦,有皮笑肉不笑。

哭与笑只不过是一种情绪的表达方式罢了,它并不能完全代表人的真正内心。有时候我在想,人是不是在出生之前就被上天规定好了一生要哭多少回、要笑多少次呢?如果真是那样,我们岂不如同演员一般,按照剧本的安排哭笑?生命若真是如此,便少了应有的乐趣。

吕碧城哭过也笑过,不过她更像是一朵早早盛开的奇葩,当别的花朵还缩在春海料峭中时,她却绚烂地盛开了,这对于年少的吕碧城而言很难说完全是一种幸运,因为无论是她自己还是她周围的人，都似乎还没有做好最充分的准备。

过早盛开，她感受到更多的是暖春之前的料峭，是勃勃生机前的满目萧然，等到百花盛开、享受春光时，她已经走向凋谢了。

就算是吕碧城提早开放，提前凋谢，但她却成了时光之河难以湮没的一朵奇葩，尽管在百年之后的今天，读到她，仍见证着一个不老的传奇。

不知道吕碧城的名字是不是她父亲给起的，如果是，那多半是他受到李商隐《碧城》的影响。

碧城十二曲阑干，犀辟尘埃玉辟寒。阆苑有书多附鹤，女床无树不栖鸾。星沉海底当窗见，雨过河源隔座看。若是晓珠明又定，一生长对水精盘。

吕碧城就是身居天庭的一个仙女，她在那曲阑回环中抬放她那孤独的脚步，那里没有尘埃，没有寒凉，她目光温润如玉，似乎在等待什么，是下一重天的春色还是又一次的星沉月落，不得而知。

吕碧城的父亲岂能料到，女儿不喜欢做一个不谙世事的仙女，更愿意做一个徜徉于红尘的平凡女子。几经折腾之后，她最终发现凡尘跟她有诸多的不适，于是遁入空门，又回到了她父亲期许的起点，不同的只是形式而已，这或许就是生命的奇妙所在吧。

时光如刀般削减人生，往往要到了蓦然回首时才能恍然大悟。"物是人非"是人们常常挂在嘴边的话，人与物比较起来要柔软得多，要娇嗔得多，人的软弱肉体怎么能够熬得过物的坚硬棱角呢？

其实，物也会在自然力中磨损，只不过在人的眼中，同类的物都是单一的，个体没有区别可言，于是旧物磨损之后就有新物来填补，如此便给人一种源源无穷匮之感；人则不一样，每个人在每个人心中的形象是独一无二的，这种形象多半恰恰是那种可感而不可视的东西。某人对某人，心中的分量无比之重，然而换做第三人，却又形同陌路，于是人便有了唯一性，这样的原因使得物与人的对比便陡生"物是人非"之感。

吕碧城无疑对"物是人非"体会得很是透彻。1936年，她来到内地游历，途经苏州时，忽然想起了自己最好的文友费树蔚住在这里，便去拜访，殊不知原本预料故友相见的喜悦却被其逝去多时的噩耗所代替。一时间，吕碧城心头五味杂陈，好不容易培养起来的欣喜之感刹那间被无尽的悲痛摧毁。

芸芸众生之中，能遇上几个人生知己实属不易，吕碧城跟她的文友虽不常联系，不过他们却早已成为彼此心中的支柱，也只有在对方心镜之中才能窥见自己最真实的一面。文友的逝去，让一些该说的话无法言说了，让一些本可以抒发的情感顿时变得矫揉造作起来，别无其他，吕碧城写下一阕《惜秋华》悼念好友：

十载重来，黯前游如梦，恍然辽鹤。凄入夕阳，依稀那时池阁。人间换劫秋风，催苹谱金荃零落。忆分题步韵，惊才犹昨。

横海锦书绝，枭山阳怨笛。旧情能说。甚驿使，传雁讯。蓦逢南陌。长思挂剑延陵，倘素心。逝川容托。凝默。啸寒岩、万楸苍飒。

我们总会被生活中那些突如其来的意外给伤怀，这是我们生活中不可缺少的主题，故友别离的痛不会撕心裂肺，但伤口难以愈合，也就是在这个时候，你才明白缘分的本质就是南柯一梦，瞬间便消逝得无影无踪。

第十章 飞花溅泪——凄然的心

有些人生来就会成为你生命旅途的同伴，姓名、年龄、籍贯一切附加的东西都已经不重要了，重要的是一同走过，路程的长短其实已经不重要了，每每有一个同行者落下或者走向别的路口，油然而生的是一种失落感和迎面而来的孤独情绪，费树蔚就是那个和吕碧城同行了一段路的人，遗憾的是他过早地离开了吕碧城。

那些初入尘世的人，对这种情感和变故难以掌控，他们会因此而落寞下去，感慨生命的脆弱，感慨人生的无常。

不过日子过得久了，生活被许多的别离、伤感麻木了，便会觉得这就是生命本身，固然有失落，固然有悲伤，但这一切怎敌得过岁月的磨砺？从不信宿命到平和淡定，待到华丽转身，便觉得自己已然被时光消耗掉，抑或是时光已然沉淀在了心中。

面对好友的逝去，吕碧城的惊讶只是一瞬间，因为她已经在岁月的研磨中懂得了生命的无常、岁月的不可期，此时以一阕词来做纪念，便是回到了最初相遇的起点，兴奋多于伤感，这难道不好吗？

现实对比想象，当然都会有天壤之别，特别是现实中的缺憾最容易跟想象中的美好形成对比。虽然人人皆知万事不全尽如人意，不过当接踵而至的不幸一旦附着到自己身上，便会徒生苍凉之感。

　　曾几何时，仗剑走天涯、只身漂泊流浪是许多人心中的一个英雄梦，不过几番滚打，锐利的岁月就会将一个个骨头丰盈的人削减到瘦弱无比，不知何时，我们已经开始迷恋上了那份朦胧、那份清静、那份安定！

　　吕碧城的一生原本是幸运的，不过她却将别的更多的不幸附加在了自己身上，她为此呼号、为此奔波，慢慢地，她亢奋的幅度越来越小了，她也竟然渴望起安宁来！

　　吕碧城后半生多半漂泊在欧美，偶尔回国，也是匆匆别离。1936年，她有机会回到南京，行走在这六朝古都，遥想唐宋之盛，时下却见国土遭人侵占，一种别样的滋味涌上心头，便作《汨罗怨·过旧都作》：

　　翠拱屏峰，红迤宫墙，犹见旧时天府。伤心麦秀，过眼沧桑，消得客车延伫。认斜阳，门巷乌衣，匆匆几番来去？输与寒鸦，占取垂杨终古。

　　闲话南朝往事，谁钟清游，采香残步？汉宫传蜡，秦镜荧星，一例秾华无据？但江城零乱歌弦，哀人黄陵风雨。还怕说，花落新亭，鹧鸪啼古。

第十章 飞花溅泪——凄然的心

　　所谓触景生情，只有到了那个情景才会有所感怀，"翠拱屏障"、"红逦宫墙"，多少六朝往事历历在目，却又转瞬即逝，千年的时光凝缩成一道墙、一片瓦，你无须翻阅史书，无须查询史料，便能感受历史的厚重与不遂人愿。

　　不知不觉间"零乱歌弦。哀入黄陵风雨"。吕碧城怀疑是不是自己翻错了历史，其实不是，而是历史映照错了对象，诚如吕碧城这样的才华女子，历史怎能让她生于内忧外患的时节呢？

　　每个人都无从选择历史，出生在盛世汉唐或是衰败的明清，这已然是一种宿命，就算你是天生卓才也便是如此。对于自己，你就是全部；对于历史，你只能算得上是一个凡尘过客，他走了，你来了，你去了，我又来了，如此而已！

　　那不如随遇而安吧，那是一种难得的生活境界，人必定牵挂太多，难以完全割舍外界一切。只有真正做到自我，任心行事，方可知晓得失随缘。

　　随遇而安必然要迁徙，我们最熟悉的迁徙莫过于候鸟，它们每年北上南下，为的是找到最适合自己的环境，一旦到了那里便能安心停留，又有几人能做到呢？

　　1936年年末，吕碧城回到了香港，此时的她感觉到了身体的极度不适，自己便觉得在人世中的日子已经不多了，于是便将十余万元的生活费捐献给了佛教界，广结善缘。

1937年，日本发动了全面侵华战争，吕碧城虽有心杀敌却已无力回天了，她唯一能做的便是倾其所有，将它交给最需要的人。吕碧城把自己的山光道寓所转让给了他人，并将所有生活用品系数转赠给同道。

那时的女子想要在众人心中留下一世清白并非易事。逃不出滚滚红尘，就只能与之交好，有时候妥协也并非就是软弱，它只是坚持的一种手段罢了。吕碧城却不是这样的人，她不小心落入红尘，却不愿向世俗妥协，她跟一切斗争，最后虽有小小的胜利，却做出了全部牺牲。还好，我们看不见她有多累，也不知道她伤有多深，她总是在夜深人静时，一个人默默地舔舐伤口。

几番漂泊，吕碧城深信世间愈是纷争不断，佛法的作用越是需要显现，它能拯救人心、实现和平，因此她弘法也愈显积极。

樊增祥曾评价吕碧城："巾帼英雄，如天马行空，即论十许年来，以一弱女子自立于社会，手散万金而不措意，笔扫千人而不自矜，此老人所深佩者也。"

综观吕碧城的一生,又有哪一项不是"以一弱女子自立于社会"呢?她提倡女学,倡导男女平等,主张自由、自立,充实她的"个人思想";她只身远渡重洋,游学欧美,开阔胸襟,实现她的"世界主义"。

1928年冬,吕碧城到了瑞士,那里无疑成了她的桃花源,那里也有大腹便便的官员,却要比中国的和蔼得多;那里的黑夜跟白昼恰恰与中国相反,这难道不是很好的隐喻吗?当瑞士朗朗乾坤时,中国还是万古长如夜呢。要不是抬头望见月圆月缺,她早已忘记汉历是几日了。

那里到处盛开着鲜花,姹紫嫣红,蜂蝶成群,其实中国也是有鲜花的,也是有蜜蜂与蝴蝶的,只不过是更多的不如意遮蔽了吕碧城的眼睛而已。

那里到处都是美女,胖的如杨玉环一般丰韵;瘦的如赵飞燕一般轻盈。

那时的瑞士正在庆贺太平盛世,军乐歌舞,彩旗飘扬;此时的中国,万千寡妇正对着战士的征衣哭泣,此间差距远不止欢乐悲痛那么简单。

那里有又白又香的奶酪,有嫩黄可口的香蕉,有薄软扑香的西餐,有不用笔墨纸砚的钢笔……

似乎一切的一切都是为吕碧城而生，它们如此地契合了她的脾气与喜好。

真的如此吗？其实不然，那只是一种心境的折射罢了。当时的中国落魄衰退，如此一来，一切与之相关的东西都被打上了不好的烙印；而瑞士，当时则是国泰民安，于是跟它相关的一切在吕碧城眼中都成了最美的美妙。

因为厌倦了世事纷争，吕碧城隐居到了雪山之中，在这里，她与阿尔卑斯山神交，作出了一阕《破阵乐》，名噪一时。

  混沌乍起，风雷暗坼，横插天柱。
  骇翠排空窥碧海，直与狂澜争怒。
  光闪阴阳，云为潮汐，自成朝暮。
  认游踪，只许飞车到，便红丝远系，飙轮难驻。
  一角孤分，花明玉井，冰莲初吐。
  延伫。
  拂藓镌巖，调宫按羽，问华夏，衡今古。
  十万年来空谷里，可有粉妆题赋？
  写蛮笺，传心契，惟吾与汝。
  省识浮生弹指，此日青峰，前番白雪，他时黄土。

第十章 飞花溅泪——凄然的心

　　且证世外因缘，山灵感遇。

　　好一个"混沌乍起，风雷暗坼"，那不是对国内世事现状的描摹吗？

　　好一个"一角孤分，花明玉井，冰莲初吐"。那不是对自己彼时心境的剖析吗？

　　好一个"且证世外因缘，山灵感遇"。那不是对躲避尘世、独享宁静行为的描述吗？

　　吕碧城固然偏激，但这种偏激却是由那种哀其不幸、怒其不争转化而来的，其实在她心底的最深处还是将最好的赞美留给了故国，遗憾的是此生没有了使用的机会。

　　就算是游历在异国，吕碧城也不忘赋诗作词，每到一处，她必以诗文记述，特别是旅居瑞士期间，她词作如海，所咏内容有"登阿尔卑斯山"、"日内瓦之铁网桥"、"巴黎铁塔"以及"拿坡里火山"、"大风雪中渡英海峡"，等等。

　　这种以东方人的视角，用东方人的诗词做载体来描绘西方的景致，实属罕见，吕碧城因此而煊赫西方社会也是注定之事。

　　那时的吕碧城就像是一只将近生命终点的小鸟到处乱蹿，没有任何目的，却又全是牵挂。她一生都在寻找自己理想的那片净土，不过现实的纷繁复杂已经让她厌倦和灰心丧气了，她慢慢地脱离了现实，逃进了佛教的清静之地，也只有在此，她才能感受到那难得的平和。

不知道晚年的吕碧城能不能彻底懂得人世间的那种无法言说的无奈，想必她曾经历过的人生种种境遇，有过圆满，有过缺憾，是最能懂得这份无奈的了。

我不会在意有哪些人在哪天遗失了快乐、哪些人在什么时候丢失了青春，因为这是每个人在所难免的。我在意的是那些遗失了快乐的人在什么时候能重新快乐起来、那些丢失青春的人在什么时候能再一次青春勃发，因为这不是每一个人都轻易能做到的。

你我都一样，不止一次被浮华的世态浇漓，重要的是要能清醒过来。在这方面，吕碧城是榜样，就算她一次次地接受人情凉意，她又能一次次地温暖自己，直到走进下一个春日。

一个遗失了快乐的人，似乎可以在下一个春天找到自己的欢颜；一个丢掉青春的人，似乎可以在老去的时候寻找逝去的记忆；而对于吕碧城，一个曾经历过世间种种浮华、感受过凡尘的沉沉浮浮的女子，再也不能在现实中找回那份纯真的生命的起点了，她参透了一切，却对世事一窍不通，终了她只能躲

第十章 飞花溅泪——凄然的心

进佛塔中,好让心中的那片净土回光返照。

芸芸众生,总有人发现自己的情怀类比吕碧城,就以为自己会懂她,但你与她不会有相同的故事,不会有相同的人生。就算你们有共同的情怀,那也是两个不同的人生轨迹不小心碰撞了一下而已,就算你在意,吕碧城也会不为所动,况且你们早已阴阳两隔了。

都说吕碧城心深似海,是无论如何都戳不破的,她会将自己的苦楚深埋在海底,不过她还是不能置身事外,她关注尘世太多,多得让她有些模糊,却不愿清醒,任由人生朝露被时光蒸发。

远观吕碧城,她也算是个可怜的女人,因为走得太快,最后却连一个清晰的背影都没有留下。

II / 人间只此回

1938年，生命之神似乎再一次提醒了吕碧城，自己在世的时间已不多矣。为了有所交代，吕碧城在瑞士写了一阕《绘雪词》邮递给了多年的好友冒广生，冒广生看了之后回了一阕《鹧鸪天》：

现出聪明自在身，前生合住苎萝村。蕤姑肌骨清于雪，群玉衣裳艳若云。

天浩浩，水粼粼，江山奇气伴朝昏，善心至竟皈三宝，余技犹能了十人。

好一个"肌骨清于雪"，好一个"善心至竟皈三宝"，一是身体的尽善尽美，一是将心皈依佛门，看得人好不心疼。

像吕碧城聪慧如此的女子，她的一生似乎都是有因果的，上天给了她姣好的容貌，给了她卓绝的才华，给了她丰盈的衣食住行，唯独在心这一块让她如此空缺，在现实中，她寻不到自己的理想之境，她读书愈多，才华越凸显，心灵在现实中受到的拷打就越大，整整折磨她大半生！

人的回忆并不能完全流畅，中间必然有晦涩和阻隔，就算是最美的记忆，也会有低落的一页停滞在那里，难以翻越，毕竟人心是柔弱的。

每一次的回忆，便如同畅饮一壶浊酒，有时候醉得一塌糊涂，有时候又千杯不醉，遗憾的是，不能每次都如李白一般，举杯邀明月，醉影成三人，就算有一壶浊酒，就算有一轮残月，那种清冷寥落都难以避免，或许正是如此，才如此孤寂吧！

由此说来，吕碧城其实是个勇者，一个夜阑对照的寂寞的勇者。

1938年的吕碧城已是年老体衰，加上患有严重的疾病，这个时候，她出国实属不易，但没有别的选择。日本侵占中国，逼迫许多中国人别离故土，寄人篱下，颠沛流离。

有人说是日本人间接杀死了吕碧城，并非没有根据，这也恰恰解释了为何吕碧城如此痛恨日本人。吕碧城的二姐美荪因为访问日本，还跟他们唱和诗歌，让她十分反感，这也成了她们姐妹关系不合的主要原因。

吕碧城的后半生多是游历在海外，表面上游山玩水，惬意非常，其实心中的苦闷、浓郁的乡愁只能依靠诗词来打发，一阕《减字木兰花》道尽多少思念之情：

  友人来书，谓予客海外，有屈子行吟之感，赋此答之。
  兰荃古艳，谁向三千年后剪？移过西洲，又惹东风万里愁。
  湖山丽矣，但少幽情如屈子。花草风流，彩笔调和两半球。

文人恋旧，特别是在那个动荡的年代更是如此。长时间颠沛在外，哪里能营造心中片刻的安宁？看似花天酒地、穷奢极侈，实则如同失恋者一般，只有不断地用烟酒外物刺激那颗已然空缺的心，好让自己能够苟延残喘下去。

树叶落了，不多久便会抽新芽，春燕走了，不多久便会飞

第十章 飞花溅泪——凄然的心

还，如果掐掉生命中间的过程，只看起点与终点，人与万物没什么两样，生死一瞬间而已。

人的重要意义恰恰在中间的这个过程，人能感受抽芽时生命的盎然，能体味春燕归来时的乐趣，能感悟秋叶飘飞的落寞，能知晓劳燕分飞的无奈、凄凉。

吕碧城从她降生的那一刻起，便注定了要凡庸、绚丽、起伏、欢欣、悲苦交替一辈子，或许她早已察觉，但一旦登上人生舞台还是不免紧张与兴奋。其实又何尝只有吕碧城呢？芸芸众生，谁又不是疲于奔命？终了才知道因果有定，得失有缘呢！

人人都有很多面，吕碧城也是如此，除了爱情，她在事业、才气、社交、政坛都算或大或小的成功者，不过当她一个人独处居室时，总会有浓重的落寞与萧索之感。

要到哪里去寻找这份心灵的归属感呢？她试过灯红酒绿，试过西游欧美，结果无一都是让她更加寂寥，最后她似乎必然地皈依了宗教。

想要找到一片清静之地，好让自己真实地安宁片刻，吕碧城便远离故土，来到了欧洲，然而"二战"后，欧洲各国相继卷入战争，早已经不是一个完全平静之地了。

吕碧城经受不住那种扰闹，便于 1940 年秋回到了香港，住到了九龙的"东莲觉苑",在那里见到了弘一大师。让人遗憾的是两年之后弘一大师在福建泉州圆寂了,这对吕碧城的打击不可谓不大,她一直将其视为自己的良师益友,最为关键在于能够跟他谈经论道。弘一法师这一去,便少了一个懂得自己的人,自己也觉得孤单难耐了。

涉及情感上的东西,吕碧城最擅长的莫过于通过词来表达,弘一大师去世,她作词一首,以表纪念:

> 大哉一公,污世来仪。磨而不磷,涅而不缁。倪辄群伦,是优波离。昔为名士,近人天师,须弥之雪,高而严洁。阿之华,而清奇;厥功圆满,周世遭。土归寂光,公既尔亡言兮,我复奚能赞一辞。

早在北京任职时,吕碧城就常与一代高僧谛闲和尚谈禅,印象最深的,莫过于谛闲和尚对欠债的一番论述:"欠债当还,还了便没事了;但既知还债的辛苦,切记不可再借。"

这种债,包括了尘世间的一切孽债。佛说人生八苦,除了生、老、病、死外,还有就是怨憎会苦、爱别离苦、五蕴盛苦、求不得苦。对于那些心灵得不到片刻安宁的人,何尝不是一直

第十章 飞花溅泪——凄然的心

遭受这八苦的煎熬呢？

与其说吕碧城是一直在追寻一种宁静，倒不如说她是一直在回避尘世，但尘世又岂是凡人能够回避的呢？我们常常感叹利欲熏心、道德滑坡、人心叵测，到头来自己不也变得圆滑世故、见机行事了吗？

敏感的吕碧城，无法抹平少年时的那段家庭变故带给她的伤痕，不管她之后的人生何其放荡不羁过，何其意气风发过，孤身一人，夜深人静时，她便会隐约透视她心中的那道伤痕。不过她却不习惯述说伤痛，她也不愿意拿自己的隐私来哗众取宠，她注定了要遁入佛门，将一切道与佛听。

她别离故人，别离故土，别离故国，飘然西去，倒是见识了海天辽阔，欧风美雨，然而何处有家？此时的吕碧城就如同苦海之中的一叶孤舟、风雨之中的一片落叶，无依无靠，何其可怜！

吕碧城是幸运的，幸运在于她遇到了弘一大师，遇到了一个能够真正与她对话的人，一个能够真正与她产生心灵共鸣的人，这种缘分，哪怕只有几天也是前世修来的福分，不然你回首一下，至此你的生命中又遇到过几个真正志趣相投的人呢？

吕碧城又是不幸的，不幸在于无人倾诉、无人理解的心刚刚找到一个可以停泊的港湾,还没有来得及习惯,这个港湾又远离自己而去。这哪是一种诀别,简直就是在分裂自己的身体,消耗自己的生命,那种撕心的感觉只有自己知道!

海外再喧嚣,舞池再热闹,亦然无法释怀吕碧城那颗寂寞的心。只有在佛门中,她才能找到自己最后的心灵家园。

吕碧城心头的荒凉不是荒野中的那种荒凉,她心中的那份寂寞不是乡村僻野的那份寂寞,恰恰是在这喧嚣热闹的都市中,她荒凉寂寞到了极致,然而她又无法逃离这种喧嚣与热闹,最后只能遁入佛门,隔绝红尘了。

欣慰在于吕碧城在佛学上的修为越来越深,1942年春,她编撰了《文史纲要》一书,同年夏天又出版了《观无量寿佛经释论》,她还将这新书邮寄给各地的僧众。

有一居士收到吕碧城邮寄来的书之后,按照惯常经验,以为是一般的劝善平庸之作,便随手仍在了一旁。

一日,居士闲来无事,顺手翻阅起来,一下子就被书中深刻的见解、深邃的说理折服了,恍然间便觉得自己是如此孤陋寡闻,并为自己的误判而羞赧。

1942年,吕碧城将自己终生所著的书稿收编在《梦雨天花室丛书》出版发行,里面收录有《信芳词》、《欧美之光》、

第十章 飞花溅泪——凄然的心

《香光小录》、《雪绘词》、《文史纲要》等著作,以及多种佛像著作。

为何吕碧城如此着急,要将自己生平所作系数出版发行呢?当年的胃病复发,已然让她感觉自己的大限已到,虽然道友们劝她住院治疗,但她都婉谢了。

所谓生不带来,死不带去,吕碧城在生命的最后阶段要将自己一生最有价值的东西集中体现,这是对自己的交代,更是对她生活了几十年的这个时代和世界的一个"报告":自己不曾虚度光阴,自己不会愧对这人生几十年,其实她完全没有必要证明,不是吗?

生命的神奇在于冥冥之中的预定有时竟准于精心的计划,不知道在我们的身心之外还有什么控制着我们。吕碧城一生好诗词,临终,竟是在梦中得一诗,成为绝唱,这难道不是上苍的一种捉弄?

1943年1月4日,吕碧城在梦中得一诗道:

> 护首探花亦可哀,平生功绩忍重埋。匆匆说法谈经后,我到人间只此回。

醒来之后,她便将其抄录下来,寄给了张次溪先生。

这是吕碧城对自己一生的总结,亦是对自己许多无奈的抒发,绵绵的遗憾、深深的幽怨跃然纸上。吕碧城来到这个世界之时便是带着某种遗憾和幽怨的,临别走了,又转回到起点,除却这个圈算得上完满之外,或许在她的人生记忆中,哪还有半点儿如意之处!

要真正追求到完满,岂是一件易事!倒不是因为圆满有多深,而在于圆满太广、太泛,一言难尽。

人生圆满,多是一种美好的夙愿、一种绚丽的信仰,谁都不喜欢荆棘,谁都喜欢鲜花,不过带刺的东西并非一无是处,鲜艳的东西也并非十全十美,你所向往的恰是有人所厌恶的,你所拥有的又是有人所羡慕的。

芸芸众生,不过是彼此艳羡而已。吕碧城那斐然的才华、俊俏的外貌,丰富的经历,不都是许多人向往期待的吗?不都是很多人一生致力追求的吗?只不过她自己是"身在此山中"罢了!

预感有时候比计划还准,特别是在人即将诀别这个世界的时候,我时常听见一些人讲某事某地有人在弥留之际的种种奇异表现,我都不会将其认为是迷信,更多的是感悟生命的奇特。

第十章　飞花溅泪——凄然的心

吕碧城预感到了自己生命的最后日子，那首梦中诗成了她的绝笔诗。佛教一向讲究圆满，讲究轮回，然而吕碧城的"我到人间只此回"，哪有半点儿轮回的意思？或许是她觉得自己此生更多的是遗憾、是幽怨，而不是圆满，不想轮回吧。

吕碧城的一生已经算是完满了，只不过是她自己丢失了自我而已。吕碧城跟这个时代联系起来了，对于自我，无论是才华还是财富，她都无愧于这个世界；对于时代，她想要做的太多，却终因精力有限和时局限制未能惬意施展，故而有了这种缺憾感。

诀别之际，吕碧城还是不忘了自己的好友，她写信给龙榆生，将她与樊增祥、严复唱和的墨迹，以及自己旅居瑞士时的照片邮寄给他。

为何吕碧城在生命的最后时刻会跟龙榆生书信往来呢？这跟他们的交情有莫大关系。

龙榆生也是一位才子，曾在多个高校任教，后创办《词学季刊》，他跟吕碧城因词相识，遂成好友。不仅如此，龙榆生还是一位佛教信徒，如此一来，他又成了吕碧城的道友。诗词与道佛几乎可以涵盖吕碧城的一生，这样双重的情感重叠，他们成为挚友也不足为怪了。

吕碧城在给龙榆生的信中写道:"世间事如梦如幻,本无真实。重要者在看破世界,早求脱离……佛教之平等观,即是无国家、种族、恩怨、亲仇之分别。处于超然之地,不得以世情强之……珍重前途,言尽于此。"言辞之恳切、诀别之情意表露无遗。

虽然吕碧城跟龙榆生因诗词相识、相知,不过在生命的最后时光,她却只谈佛道,不问诗词,看来吕碧城入佛还是很深的,她的一生几经波折,几多起伏,不过在她看来都"如梦如幻",最让她庆幸的是"看破世界"。她要将这种人生体悟传给自己的好友,以便她能少受折磨,不过这种感觉岂是能传递的?

如果将佛学当做一门艺术,那放下就是这门艺术的精髓。放下不是放弃,放下障目的一叶,迎来的可能是柳暗花明;放下虚幻的空想,得到的可能是脚踏实地的稳健。吕碧城显然学会了这门艺术,她放下了钱财名利,隔绝了郎情妾意,摆脱了恩怨的牵连,因为她懂得,如果一再苦苦煎熬,终有一天人似黄花,心如槁木,不如趁早决绝。

对自己的一生,或许没有几件事是吕碧城预料之中的,不过终了,她还是准确地感觉到了。1943年1月24日,吕碧城病逝于香港,临终时的她含笑念佛,仪态安详。按照遗嘱,她

第十章 飞花溅泪——凄然的心

的骨灰最后和面成丸，撒向了大海，结缘水族。

我极力想象吕碧城去世前的一瞬间她在想写什么？回忆似乎已来不及了，展望也无意义了，这是一件难事。

她走得那样安静，全然不符合她的个性，因为凡是人生重要的时刻，她都是喧嚣着亮相的，她将自己交给了海里的另一些生物，她是想要轮回吗，还是想要走进万物万生的心里去探一探？

她已然没有了对死亡的任何恐惧，那只是生命必须要旅行的一个手续罢了，遗憾的是我们，圆满的是她自己！

吕碧城一走，诸多好友纷纷写诗悼念，章太炎的夫人汤国梨有诗：

冰雪聪明绝世姿，鸿泥白雪耐人思。天花散尽尘缘断，留得人间绝妙词。

龙榆生有诗：

碧城十二曲阑干，此日楼空可忍寒？堕鬼登仙随分去，成魔入道等闲看。

往生应美邻词友，缓死难堪对达官。何似皮囊化斋粉，更将斋粉付鱼餐。

吕碧城就这样匆匆地、孤独地走了，她的角色还没得以在人生的大舞台上完全地展开便已谢幕了，何其悲哀，让人欷歔不已！

一个才华卓绝、耿介风骨、恬静心境、洒脱做派的才女才刚刚在人生的舞台上亮相就走了。苦的是那些等待在舞台下的观众，他们慕名而来，本想一睹芳姿，他们准备好了手掌和欢呼声。如此的戛然而止，让他们显得不知所措，原本的舞台喜剧演变成了现实悲剧，他们久久没能回过神来。

吕碧城一生可不是为了表演而来的，她跟芸芸众生一样，让历史的潮流裹挟着走了短短的一段旅程。前半生，她驿动不已，虽偶有水花溅起，却也在瞬间跌入浪潮，不见踪影。后半生，她修心养性，躲进一个罅隙，供养着自己的小世界，充实自得。

有人将人生的境界分成三重：看山是山，看水是水；看山不是山，看水不是水；看山仍是山，看水仍是水。

吕碧城一生游历千山万水，不知道她看到的山是什么，看到的水是什么。她的行程是如此的寂寞，却又拥抱过几多的繁华，最终将人生的喧闹与空虚都抛在身后，探寻人生的本真去了。她看山是山，看水是水，因为她曾那样惊奇于大自然的鬼斧神工给；她看山不是山，看水不是水，因为她曾几多将自己的情感寄托在山水之上；她看山仍是山，看水仍是水，因为她最后放下了一切念想，只求与宇宙通灵。

看见前方那个交错晃动的身影了吗？他就在你的面前，不过你却看不清他的面容，听不见他的声音，你走近他，他却走远一段；你停下来，他又在你前面停下来，等着你去追寻。

那就是我们的灵魂，虽然空旷无比，却寻不见出路，而孤独就像那空旷原野上那棵孤零零的树，原始而安静地在那里伫立。

每个人都有自己的空旷灵魂，这个距离是无法消除的，于是你便见到了模糊的别人，你自己也成了别人眼中模糊的别人。

让我们来梳理一下吕碧城短暂的一生吧：

早年颠沛流离，寄人篱下，遭受社会不公，却锻造了她坚毅隐忍的性格；

面对严苛的封建礼教，她鼓吹妇女解放、两性平等，提倡女子教育，以无比担当的姿态站在尘世的最前沿；

随着见识逐渐累积，心中那份狂妄渐渐消逝，她更多的是一种平和、一种自我认知，就此，她在跟自己的对话中体悟人生；

物欲横流的社会、尔虞我诈的现实，将她仄逼到一个不能再小的角落，于是她决定脱离凡尘，隐居瑞士雪山；

无奈虽然她的身体隔绝了尘世，但那颗驿动的心却依然牵挂着凡尘种种，瞬间，那种漂泊感、那种孤独情绪涌上心头，她无力地发出了"我已无家"的感慨来。最终她找到了解脱的途径，皈依了佛门，在这里还原了心中的那片净地，并在此谢幕。

吕碧城一生，才华在各个方面得以凸显，不过提起她，最具有标签意义的仍然是她的词，现代学人吴宓就如此评价她："其所作，可上比李易安，而又另辟蹊径。"而"李清照之后第一人"、"三百年来第一人"等则是其他人对她最常用的评价之词。

不过平心而论，词到吕碧城这儿也算是走到头了，她作词喜欢用生僻的典故、幽邃的遣词，但词原本却是民间的产物，这让词远远脱离了俗众，如此一来便是异化了。

其实对于吕碧城自己而言，何尝不是这样？人生初始，词

第十章 飞花溅泪——凄然的心

是她用来记载生活、抒发情感的载体，尽管其辞藻不乏华丽，但于其中，我们仍然能瞥见浓浓的生活气息，那是有感而发，决不是无病呻吟。

吕碧城与生活似乎从来都是不相容的，她总能看到生活中忧郁的一面，不是她消极，而是她感悟，长此以往，对生活的感悟成了她的惯习，词已然成为了她的一门语言，无论是生活琐事还是人生抉择，似乎除了诗词，她无话可说，但又有几人能真正读懂那柔涩辞藻后的真意呢？众人多关心的莫过于柴米油盐酱醋茶，不是吗？

有道是繁花似锦转头空，时光之河，往往会轻易将繁花往事抹平，就算是短短的 60 余载，吕碧城已然让很多人记不起她是谁了。

独居高楼，初始时，定被那种高瞻远瞩的便利所吸引，也被那一览纵山小的气势所感染，不过久了却有一股高处不胜寒的忧郁上心头。

"琼楼秋思入高寒，看尽苍冥意已阑。棋罢忘言谁胜负，梦余无迹认悲欢。金轮转劫知难尽，碧海量愁未觉宽。欲拟骚词赋天问，万灵凄恻绕吟坛。"

走过了那灯火阑珊处，到过琼楼与玉宇，等到一切繁华落幕、喧嚣骤停时，留给吕碧城的是怎样的一种心绪啊？一切悲欢都了无痕迹了，一切哀愁都在轮回中洗涤荡尽了，一切情爱都在生命的轮转中悄然散去，留给她自己的，或许只有那一声长长的叹息吧！

"护首探花亦可哀，平生功绩忍重埋。匆匆说法谈经后，我到人间只此回。"

吕碧城算是透彻了整个红尘的苦楚与人世的苍凉了，她享受过灯火璀璨、繁花盛放的喜悦，也感受过百花凋零、万径踪灭的孤寂，最后却化丸投海，回归自然，不可谓不是一种定数。

"花瓣锦囊收，抛葬清流，人间无地好埋忧。好逐仙源天外去，切莫回头。"

人生一世，草生一秋，人死就如同秋叶离枝那般静美，那不是一种终结，而是回归生命最初的本真；那不是一种遗忘，而是一种纯粹的记忆；那不是一种分离，而是一种灵魂的永生不灭！

不过当我们翻开几十年前的历史的面纱的时候，却发现在那薄幕后面有那么一张独特精致的脸孔，那人就是才女吕碧城。在中国20世纪头20年间，就是这位特立独行的才女领衔主演了一出"绛帷独拥人争羡，到处咸推吕碧城"的超绝景观。

第十章 飞花溅泪——凄然的心

吕碧城一生虽然短暂,却与众多"中国第一"相连:"近代女词坛第一人"、"中国第一位女编辑"、"北洋女子师范学校第一位女校长"、"近代教育史上第一位女执掌校政人"、"中国第一位系统翻译佛经的女性"、"中国近代第一位系统提出女子教育的思想者"……这众多的"第一",其实便囊括了她传奇的一生。

吕碧城的离世,带走了这悉数的第一,也标志着一个时代的结束。虽然她已然离开,但她的传说却永远留在了尘世之间,偶有人翻起,便会激起不小涟漪。对于那个时代,吕碧城是传奇;对于吕碧城,那个时代是陪衬。你若想要了解那个时代,必然不能错过吕碧城,也错过不了她,这或许可以算作是她的"历史功绩"吧。

读过她的人深感庆幸,原来在那个时代,竟然还有如此大气、洒脱和不拘一格的女子;不过稍感遗憾的是,为何直至今日才得以遇见100多年前的她!

回望吕碧城的一生,撇去种种荣光,见识的是她少年失怙、家产被夺、夫家退婚,她与凡人一样,曾是如此绝望、孤独、无助,甚至绝望,不过她终究从卑微与寄人篱下中走向了骄傲与风生水起,是感谢上苍吗?更多的是要感谢她自己!

有俗语说：人生而平等！有人对此不屑一顾，人能生而平等吗？有人生下来便腰缠万贯，有人生下来便一文不值，有人一面世便是车水马龙，有人却是穷山恶水。

其实人生而平等不假，不管你生而属于哪个阶层，总有一部分人会分享你的命运，少年失怙、家产被夺、夫家退婚的人何止吕碧城一人，但最终吕碧城只有一个，梳理她的人生，也算是不大不小的励志吧。

她才华横溢、胆识过人、桀骜不驯，如此个性引得无数英雄尽相靠，英敛之垂青之，袁克文爱怜之，秋瑾交好之。

"自知谁市千金骨，终觉难消万里心"是她的勃勃雄心，"江湖以外留余兴，脂粉丛中惜此身"是她非凡的气概，"有贤女而后有贤母，有贤母而后有贤子，古之魁儒俊彦受赐于母教"是她对女子教育的倡导。

她涉足政界，角逐商海，游历欧美，时尚新潮，每走一步都是如此的精彩纷呈。越是潇洒越容易被世事羁绊，越是见多识广就越容易眼不容沙，越是超脱名利就越容易看透世事繁华，这也必然注定了吕碧城皈依佛门的顿悟结局。

"手散万金而不措意，笔扫千人而不自矜"的洒脱之士最终以"地转天旋千万劫，人间只此一回逢。当时何似莫匆匆"的

第十章 飞花溅泪——凄然的心

姿态了无牵挂地停止了她漂泊的一生。若论才情，吕碧城固然可以以"盖世"自居，倘若论人生完满，她却因恃才傲物，最后落得孤芳自赏，尽管她在人生的后半段寻迹到佛法境界，不过终其一生，仍有淡淡的忧伤散发。

宗教或许能够成为烦杂琐碎生活中的一种修炼，不过却难以成为消遁避难的所在，不要在心绪无以消遁时才会想到宗教这扇门，其实没有人会成为你无所不能的神灵，无论是谁，终其一生都不能完全弥补自身的不足以及荡尽尘世的污秽，我们不懈追求所能得到的，也只是对自我的不断完善，仅此而已！

综观吕碧城的一生，她身上的迷惘似乎更多的是个人的而非时代的，她风流倜傥，固然是个人才华使然，也有贵人成全之美，就这样，她快步前行，一不小心就将时代甩在了后面，她必然而然就远离了世俗中心，无可避免地被时代舍至边缘。

吕碧城太生逢其时，在那个动荡纷杂的时代里，她出尽风头，抢尽先机，成就一世风流；吕碧城又太生不逢时，虽然她貌美如花，才情斐然，却茕茕孑立，孤苦一生，个中滋味，谁人知晓！

人生最难描述，如同桃花难画一般。人生光阴短短几十年，却千头万绪，峰峦叠嶂，要想对其做一个准确的描述，何其之难！

　　思来想去，只有说书人算得上传奇，他们总能从纷繁复杂的历史故事中挑起一根线头，然后顺势捋下去，竟然没有一个接头，没有一个环扣。

　　吕碧城一生起起伏伏，时空交错，才情相依，可谓别样纷繁复杂，我虽然看过不少她的传记，不过却始终不能捋清她传奇的一生。

　　看来只能有求于说书人了，不过时下去哪里找这样的说书人呢？

后记

挥挥洒洒十来万字将吕碧城从 1883 年来到这个世到 1943 年绝尘而去描绘了一遍，其实这又何尝能完全还原一个立体、全面的她呢？

谁让她是民国四大才女之一呢？谁让她是李清照之后第一女词人呢？谁让她是近代中国妇女运动第一人呢？谁让她才华斐然而又面目姣好呢？谁让她钦慕爱情却又堕入佛门呢？……

在吕碧城身上，我们看到了太多的不可思议、太多的无可奈何、太多的矛盾组合，想要对她有一个准确的评价，几十年来有人做过努力，不过都败下阵来。

我只知道，吕碧城是活得少有风度的女子，在她的身上既有着东方文化熏染出来的典雅娴静，又有着西方女性解放的时代风采，靠近她，哪怕是她的文字，便会被她那幽怨的女儿香醉倒。

后记

说起才华，民国时期，或许你首先想到的是张爱玲、萧红等，不过在当时，吕碧城却是人人仰慕的一大景观。诗人樊增祥对她有过"天然眉目含英气，到处湖山养性灵；十三娘与无双女，知是诗仙是剑仙。"的赞美；近代启蒙人严复将其纳入自己的学徒，将毕生思想予以传授；大总统袁世凯，延邀她为总统府机要秘书。开始，她还兴致勃勃，不过没多久她就见识了官场的不堪入目的一面，遂心灰意冷下来。

其实国运的盛衰已然被这样的一些边角料给预示了，260年的大清王朝，慢慢地在大小蛀虫的啃食下轰然倒塌。不过历代君王都热衷于封禅祭天，岂知他们命运的决定者不在上苍而充斥于社会的各个细节。

吕碧城如此聪明，固然窥见了清王朝无法阻止的败落，于是她淡然离开了官场，她必然知晓只身离去，已然改变不了清王朝大厦的轰塌，但至少自己不做其中的一只蛀虫，这或许对她而言是当时能做的最明智的举动了。

综观历史，历朝历代都在重复着"忽喇喇似大厦将倾，昏惨惨似油灯将尽。一朝春残花将老，花落人亡两不知！"的故事，吕碧城可不想当那朵残花，于是她提早离开了那个枝头，就算是早谢，她也最终落入了尘土，化作了春泥，滋养了树枝。

吕碧城不似张爱玲、萧红，只在某一方面露峥嵘，文词、政坛、生意场、社交场合都能见到她洒脱的身影。人多是一个矛盾体，一个能自由出世入尘的人，是少见的。

如此女子固然让天下男子为其倾慕，不过这只是一种俗势罢了，而晚清一代女侠秋瑾能与她结为兰芷之谊则堪称传奇了。以秋瑾的名声却以跟吕碧城结友为傲，碧城的名号在当时可见一斑。同为民国才女的苏雪林竟然将碧城的画像挂于家中，供养多年，这等钦慕，实则少见。

吕碧城有柔情，但又不乏才气。她的词字字珠玑，吟咏自如，让无数文人雅士折腰，她的才气靠着一阕词，便随《大公报》扩散开了，众人恍然大悟：民国还有如此奇女子。但她却不作无病呻吟，在她词中见得最多的是国事、天下事，对于自我，她多的是坦然和莫不在乎。

吕碧城博学而不守旧，或许是家庭生活经历使然，她成了近代中国妇女解放的第一人。不过她首先解放的是自己，20岁当上《大公报》编辑，22岁当上北洋女子公学校长，挚友秋瑾遇害后更是发表讨伐檄文，引起强烈反响。

见识过吕碧城一生的，无论是她同时代的人还是读过她文字以及传记者，替她感到最大的遗憾莫过于她终生未嫁。其实

后记

也难怪，这样的女子又有几个男人能打动她的芳心呢？就算是名扬天下的俊才，她也不一定入眼，因为这跟她追求的至善至美的爱情也并无因果关系。

吕碧城向往纯粹的爱情，她渴望自由婚姻，但又怕心头一热，选错了人；她希望父母建议，但又排斥父母做主，于是她就在这条爱情的路上踯躅、徘徊，直到黄昏。

或许对吕碧城这样的一位奇女子，只有诗词才有资格跟她终生作伴，也只有诗词能读懂她的芳心，抒发她点滴的感悟。怪不得在她生命中仅有的几次"暧昧"都跟诗词有关，或许她不懂他，他也不懂她，而他们之间的诗词却看了个明白！碧城将自己的爱情埋葬在了诗词里，做了中国古典诗词最后一位虔诚的殉道者。

吕碧城，一生漫步云月，固守古典天空，她最纯洁的爱情献给了心中的理想，她最卓绝的才华献给了笔头的诗词，她最好的年华皈依到了佛教，几多遗憾，几多期许，最善的结局，莫过于她找寻到了真正的精神归宿。

终了，如何结束呢？还是让吕碧城自己来述说吧：

翠拱屏峰，红逦宫墙，犹见旧时天府。伤心麦秀，过眼沧桑,消得客车延伫。认斜阳,门巷乌衣,匆匆几番来去?输与寒鸦,占取垂杨终古。

闲话南朝往事,谁钟清游,采香残步,汉宫传蜡,秦镜荧星,一例秾华无据?但江城零乱歌弦,哀人黄陵风雨。还怕说,花落新亭,鹧鸪啼古。